Impressum

Deutschsprachige Erstausgabe März 2024

Andreas Lücke
Ostpreußenweg 16
31840 Hessich Oldendorf
E-Mail: info@lueckemedien.de
Verantwortliche für den Inhalt: Andreas Lücke

Website zum Buch: https://booksforfriends.de

Covergestaltung und Satz:
Bookbrand
https://bookbrand.de

Bildnachweis:
https://Freepik.com mit Premium Abo
https://ideogram.ai/
https://leonardo.ai/

SO VIELE KOLLEGEN UND NUR EINE SENSE

DAS LUSTIGE MITMACHBUCH ZUM ABREAGIEREN UND STRESSABBAU. MIT HUMOR, RÄTSELN UND LUSTIGEN AUFGABEN GEGEN DEN ALLTAGSSTRESS IM BÜRO.

IDEAL ALS GESCHENK FÜR KOLLEGEN UND KOLLEGINNEN

DIESES BUCH IST EIN
GESCHENK

FÜR

VON

WIDMUNG

Um bei diesem Mitmachbuch mitzumachen brauchst du...

 ... ein paar Buntstifte, Kugelschreiber oder Bleistifte

 ... etwas Humor, um am nächsten Arbeitstag nicht Amok zu laufen

 ... etwas Wut auf Kollegen die unbedingt heraus will

 ... Kreativität und Vorstellugskraft (wegen der therapeutischen Wirkung)

ACHTUNG!

Für den Fall, dass dieses Buch in die Hände von Kollegen oder dem Chef gerät, solltest du dich schützen, indem du darin keine Klarnamen verwendest. Vergib lieber Decknamen oder Spitznamen.

DECKNAMEN-/SPITZNAMENLISTE

INITIALEN	DECK-/SPITZNAME

Verliere das Buch aber lieber nicht!

INHALTSVERZEICHNIS

AB JETZT KOMMT GANZ VIEL QUATSCH, JUX UND DOLLEREI.

AB CA. SEITE 124, ODER SO, FINDEST DU AUFLÖSUNGEN VON RÄTSELN ETC.

WILLKOMMEN IM BÜROALLTAG

Liebe Kollegin oder Kollege,

herzlich willkommen zu "So viele Kollegen und nur eine Sense"! Ich freue mich, dass du den Weg in dieses humorvolle Büchlein gefunden hast, das sich mit dem wohl alltäglichsten aller Orte beschäftigt: dem Büro.

Lass uns in die absurden Wunder des Büroalltags abtauchen, wo der Kaffee niemals stark genug sein kann, die Aktenberge scheinbar endlos wachsen und die Büropflanzen genauso verzweifelt nach Sonnenlicht suchen wie mancher Mitarbeiter nach Motivation.

Auf den folgenden Seiten erwartet dich eine bunte Mischung aus Rätseln, Witzen, Streichen und Überlebenstipps. Ich habe mich bemüht, eine unterhaltsame und humorvolle Atmosphäre zu schaffen, die dich zum Schmunzeln bringt und vielleicht sogar den ein oder anderen Bürofrust vertreibt.

Egal, ob du dich gerade durch einen langweiligen Meeting-Marathon kämpfst, verzweifelt versuchst, deinen Posteingang zu bändigen oder einfach nur einen Grund suchst, das Lächeln wiederzufinden - dieses Buch ist für dich.

Also schnapp dir deine Tasse Kaffee, einen Stift, lehne dich zurück und lass uns gemeinsam den Büroalltag mit einem Lächeln auf den Lippen angehen. Denn wer weiß, vielleicht finden wir gemeinsam heraus, dass es zwischen den endlosen Aktenschränken und den scheinbar unüberwindbaren Excel-Tabellen doch noch so etwas wie Humor gibt.

Vielen Dank, dass du dich uns anschließt!

Mit den besten Grüßen,
Andreas von Books for Friends

MONTAG – UND ES GEHT LOS

Es ist Montagmorgen. Ein müder Seufzer entweicht deinen Lippen, während du den Wecker zum Schweigen bringst und dich schwerfällig aus dem Bett quälst. Der Gedanke an einen weiteren Tag im Büro erfüllt dich mit einer Mischung aus Resignation und Trostlosigkeit. Es ist, als ob der Morgenhimmel grauer ist als sonst, als ob die Sonne beschlossen hat, sich hinter einer dicken Wolkendecke zu verstecken, und nicht einmal der Duft von Kaffee vermag deine müden Geister zu erwecken. Willkommen im Büroalltag, wo die Zeit stillzustehen scheint und die Kollegen scheinbar unverändert in ihrem Schicksal verharren.

Doch halt! Bevor du dich von dieser tristen Vorstellung in die Arbeit stürzt, halte inne. Denn was, wenn ich dir sage, dass dieser Tag nicht wie jeder andere sein muss? Was, wenn zwischen den endlosen Aktenbergen und den unzähligen Meetings eine Oase des Humors und der Unterhaltung auf dich wartet? Ja, du hast richtig gehört. Dieses Buch betrachtet nicht nur den Büroalltag mit einem Augenzwinkern, sondern behandelt auch die Kunst des Überlebens im Großraumbüro mit einem Schuss Humor und einer Prise Witz und Tücke.

Wer weiß, vielleicht wird dieser Tag doch noch zu einem unerwarteten Abenteuer voller Lachen, Staunen und kleinen, aber siegessicheren Racheplänen. Bist du bereit, dich dem Wahnsinn des Arbeitsalltags mit einem Schmunzeln zu stellen? Dann lass uns jetzt loslegen mit "So viele Kollegen und nur eine Sense"!

DER SCHRUMPFKOPF

Ein Schrumpfkopf ist ein menschlicher Kopf, der durch einen Prozess der Schrumpfung und Konservierung auf eine kleine Größe reduziert wurde. Vielleicht begegnen dir solche Exemplare auch in deinem Büro. Schnapp dir ein paar Stifte und stell dir doch einmal vor, wie einige deiner Kollegen, Kolleginnen oder der Chef als Schrumpfkopf aussehen würden.

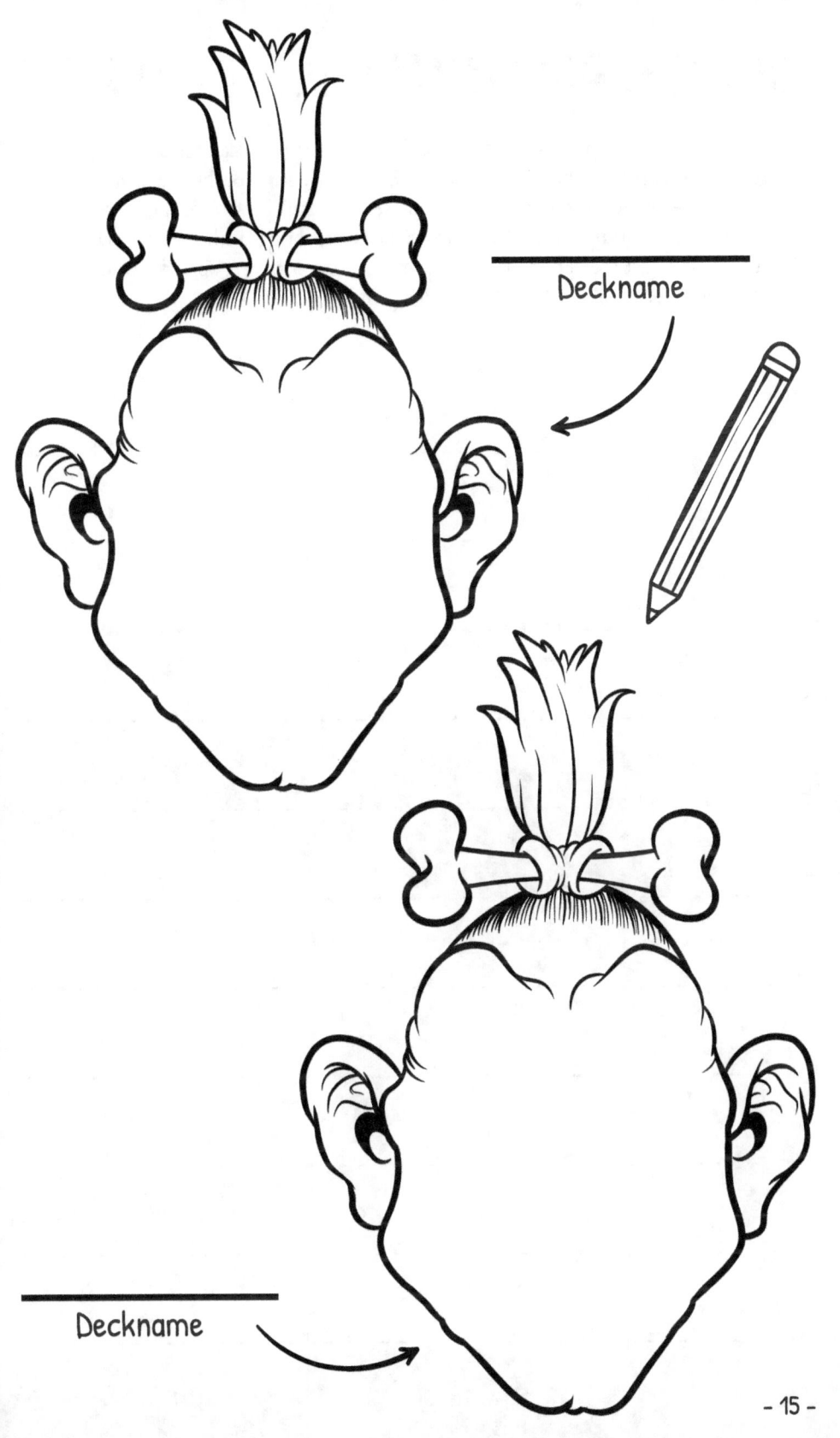

Deckname

Deckname

SCHIMPFWORT-ALPHABET

Willkommen zum Schimpfwort-Alphabet - dem ultimativen Leitfaden für den kreativen Ausdruck von Frustration und Verärgerung im Büroalltag! Jeder Buchstabe birgt eine neue Überraschung - von A wie "Abschaum" bis Z wie "Zwergnase". Doch Vorsicht: Diese Worte sind nicht für den Einsatz im geschäftlichen Schriftverkehr gedacht, sondern vielmehr als Ventil für den alltäglichen Frust, den wir alle manchmal verspüren, wenn der Drucker wieder streikt oder der Kaffeevorrat zur Neige geht.

A _____

B _____

C _____

D _____

E _____

F _____

G _____

H _____

I _____

J _____

K _____

L _____

M _____

N _____

O _____

P _____

Q _____

R _____

S _____

T _____

U _____

V _____

W _____

X _____

Y _____

Z _____

Die Gallier des Büros

Kommst du dir manchmal vor als wärst du mitten in einem Comic? Du bist umzingelt von lustigen Cartoon-Charakteren. Welcher deiner Kollegen würde am ehesten diesen Charakteren entsprechen?

Weissnix

Kannnix

Deckname

Denktnix

Deckname

Deckname

Tutnix

Deckname

FLUCHT IN DEN FEIERABEND

Deine Mission, solltest du sie annehmen: Finde den Weg aus dem Büro und erreiche dein Auto, bevor der Feierabend nur noch eine Legende ist! Das Büro ist voller Aktenberge, Druckerchaos und verirrter Zombie-Kollegen.

Doch keine Sorge, mit einer guten Portion Gehirnschmalz bist du auf dem besten Weg, den Feierabend zu finden. Bist du bereit für ein Abenteuer, um am Ende den wohlverdienten Feierabend zu genießen? Dann schnapp dir deinen Kaffeebecher und einen Stift und plane die Flucht aus deinem Büro!

LACH DOCH MAL WIEDER

① Sagt ein Kollege zu seinem Tischnachbarn: „Hast Du schon gehört: Unser Chef ist verstorben." „Ja", entgegnet sein Tischnachbar, „aber weißt Du vielleicht, wer mit ihm gestorben ist?" „Wieso mit ihm?", fragt der Kollege erstaunt. „Na da stand doch in der Todesanzeige: Mit ihm verstarb einer unserer fähigsten Mitarbeiter?!"

② Unterhalten sich zwei Unternehmer. Sagt der eine stolz: „Meine Mitarbeiter erscheinen immer alle pünktlich!" „Wie schaffst Du denn das?", fragt sein erstauntes Gegenüber. „Ganz einfach", prahlt der Unternehmer, „150 Mitarbeiter, aber nur 120 Parkplätze."

③ Beobachtet ein kleiner Junge einen Banker bei dessen Arbeit. Eine halbe Stunde verstreicht, eine weitere, zwei...fragt der Banker ihn: „Na, möchtest Du auch Bankkaufmann werden, wenn du groß bist?" „Nein", sagt der kleine Junge, „aber mein Bruder, der faule Sack."

④ Kommt eine Mitarbeiterin zu ihrem Chef: „Eben kam der Anruf von einem Kunden rein mit Bitte um Rückruf." „In Ordnung", sagt der Chef, „vielen Dank, wer war es denn?" „Den Namen habe ich leider nicht verstanden", antwortet die Mitarbeiterin leicht beschämt. „Kein Problem", beruhigt sie der Chef, „geben Sie mir einfach seine Telefonnummer, dann rufe ich zurück." „Ok super", freut sich die Mitarbeiterin und ruft im Hinausgehen, „er meinte, seine Nummer hätten Sie!"

⑤ Kommt ein Mitarbeiter zu spät zur Arbeit und wird von seinem wütenden Chef empfangen: „Das ist schon das vierte Mal, dass Sie diese Woche zu spät kommen. Was schließen Sie daraus?" „Es ist Donnerstag!"

⑥ „Was ist eigentlich diese Woche mit Frau Müller los - sie tut ja gar nichts?!" „Sie macht die Urlaubsvertretung für den Chef."

⑦ „Wir können Sie nicht einstellen. Leider haben wir keine Arbeit für Sie." „Och ... das würde mir eigentlich nichts ausmachen ..."

MACH MAL EINE KURZE PAUSE

Sind wir ehrlich: Der Büroalltag kann manchmal so stressig sein, dass wir uns fühlen, als würden wir versuchen, mit einem Teelöffel einen Berg abzutragen. Aber keine Sorge, wir haben hier ein paar absolut wissenschaftlich nicht geprüfte, aber dennoch höchst effektive Methoden, um bei der Arbeit mal kurz durchzuschnaufen und wieder runterzukommen!

Die "Kaffeeküchen-Konversation" Taktik:

Begebe dich in die heiligen Hallen der Kaffeeküche und schließe dich einer Gruppe von Kollegen an, die über das Wetter oder das letzte Fußballspiel diskutieren. Höre ab und zu mal hin, nicke ab und an, aber lass dich nicht in die Konversation hineinziehen, und du wirst sehen, dass der Stress von dir abfällt wie die Schuppen aus den Haaren deiner nutzlosen Kollegin vom Nachbarbüro.

UNNÜTZES BÜROWISSEN #1

DIE HERKUNFT VON BÜROKLAMMERN:

Die Büroklammer hat ihren Ursprung in den späten 1800er Jahren und wurde entwickelt, um das Zusammenheften von Papieren zu erleichtern. William Middlebrook in den USA und Johan Vaaler in Norwegen trugen wesentlich zur Entwicklung bei. Middlebrook patentierte eine flache Drahtform, während Vaaler die bekannte "Gem"-Büroklammer entwickelte, die zum internationalen Standard wurde. Die Büroklammer verbesserte die Büroorganisation erheblich und ist heute ein Symbol für Büroarbeit und -effizienz.

DAS KANN ICH NICHT MEHR HÖREN

Welche Sätze oder Aussagen deiner Kollegen gehen dir tierisch auf die Nerven? Schreib sie hier auf und wirf sie symbolisch in die Tonne.

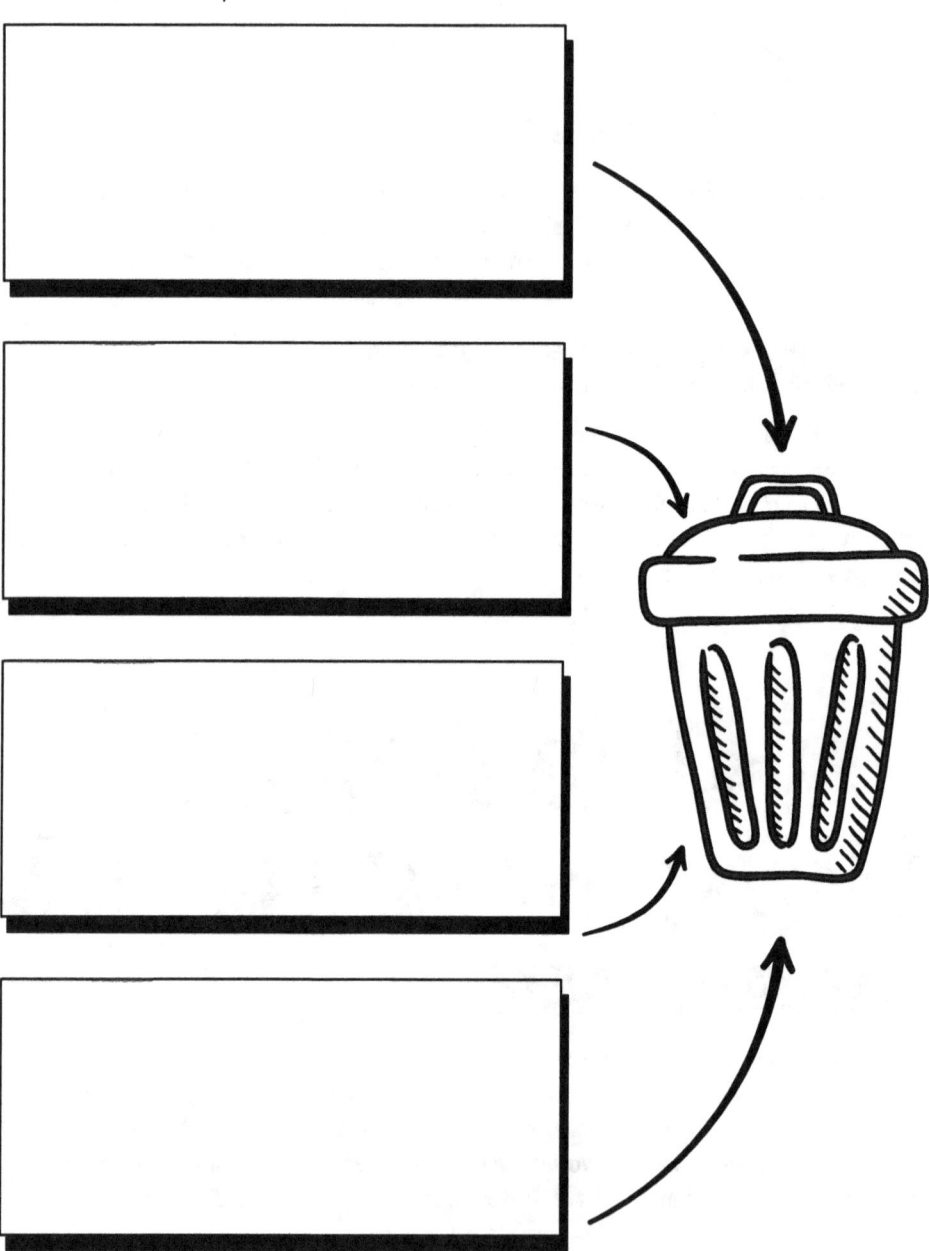

MOTTO DES TAGES

> *Ich bin heute nicht faul, ich bin Energieeffizient.*

KOLLEGENKOMPLIMENTE FÜR ZWISCHENDURCH

Du bist ein Juwel. Man sollte dich in einen Tresor sperren und nicht wieder rauslassen.

KOLLEGENPRANK

Die mysteriöse Tastatur:

Vertausche die Tasten der Tastatur eines Kollegen, besonders diejenigen, die weniger oft benutzt werden. Das kann zu einigen amüsanten Momenten führen, wenn dein Kollege versucht, einen Bericht zu schreiben!

BÜRORÄTSEL #1

Herr Meier fährt jeden Morgen mit dem Aufzug in den 7. Stock und benutzt für die restlichen Stockwerke bis zum 12. Stock die Treppen - außer wenn es regnet. Dann fährt er mit dem Aufzug direkt bis zum 12. Stock. Warum ist das so?

TIPPS ZUR WOCHENENDPLANUNG

Halte durch, das nächste Wochenende ist nicht mehr weit entfernt. Hier erhältst du von uns ein paar Tipps für deine Wochenendplanung.

BÜCHERWURM-ABENTEUER:
Besuche eine örtliche Bibliothek oder Buchhandlung und stöbere in neuen Büchern. Genieße es, in verschiedene Welten einzutauchen und neue Autoren zu entdecken.

KREATIVITÄTSAUSBRUCH:
Nimm dir Zeit, um kreativ zu sein! Male, zeichne, schreibe Gedichte oder probiere eine neue Handwerkskunst aus. Lass deiner Fantasie freien Lauf und genieße den Prozess des Schaffens.

NATURERKUNDUNG:
Mach einen Spaziergang in der Natur, besuche einen nahegelegenen Park oder mache eine Wanderung. Genieße die frische Luft, die Naturgeräusche und die Schönheit der Umgebung.

KULINARISCHES ABENTEUER:
Probiere ein neues Rezept aus oder besuche ein Restaurant mit einer Küche, die du noch nicht ausprobiert hast. Entdecke neue Aromen und genieße das kulinarische Abenteuer.

ENTSPANNUNG PUR:
Gönn dir selbst eine Pause und entspanne dich! Lese ein Buch, schaue einen Film, höre Musik oder meditiere. Nimm dir Zeit für dich selbst und erlaube dir, einfach mal abzuschalten.

FLUCHWORTSUCHE

```
B Ü R O H E N G S T T E U F L S B A U B
A R B E T S H E C H R U H S T N D A R Ü
D U M N A R M U H D U S S C H W A M E R
E I M E D R A M R M A U L H E L D O O O
M Z R E I T U R E I R M D E I S E R M K
M I T T W O S H I M M L U F P U M P A L
U A R T S H S M B U T O X V Ö L L I N A
S Q U A T S C H T A S C H E S S Z D A M
S I C H E S H U I S S H E R R A D R E M
E U L E H E U S S T R E S S E R R U M E
T R A U S A B U C M A R G T A H U C K R
Ä S T H E R S A H F W L W E U H C K E N
T Ü W E I D E A S C H U M H A U K E U H
W I C H T A R S C H K R I E C H E R Z O
A X E S T A N G H E R C H R E I R Z O R
H E X E G U M P L E U H U H S T D E X T
L I C H Z A A F A U L P E L Z A R R E E
S M E E T I N G M O P S U C H W A S V R
C H L U U M P Z P P E S C H G A C T E U
W U E S P A P I E R T I G E R A H Ö R E
T I S V P K L U G S C H E I S S E R U F
A A E L E N A W A S C H I N S K Y E R F
S I L B R U T R Ö D E L P E N N E R A M
T I T T T E M F T C K A S T A R O P H E
A R N E A W U S A R M L E U C H T E R N
U R Z E N T D I A O M I S W A C H T R M
R E I S T R A P P E E U L G A S R Q U A
H O T I E W A L L T R P E E Ü B E R S T
```

Mit Kleinanzeigen den Frust abbauen

Im täglichen Büroalltag, inmitten von Tastaturgeklapper und Kaffeearomen, begegnen wir einer schillernden Vielfalt an Persönlichkeiten. Jeder Tag bringt neue Begegnungen mit sich - mal angenehm, mal herausfordernd. Doch hin und wieder stolpern wir über jenen Kollegen, der wie ein hartnäckiger Kaffeefleck auf dem Lieblingshemd ist: unauslöschbar und beharrlich präsent. Diese Kollegen können eine Herausforderung darstellen, sie können den Fluss der Arbeit stören oder unsere Geduld auf die Probe stellen.

Doch statt uns von ihnen überwältigen zu lassen, warum nicht einen anderen Ansatz wählen? Ich lade dich ein zu einem kleinen Gedankenspiel. Fülle die Kleinanzeige aus, um diesen ungeliebten Kollegen loszuwerden. Vielleicht entdeckst du dabei nicht nur neue Wege, wie du mit solchen Situationen umgehen kannst, sondern auch ein wenig Humor im Alltag. Also nimm dir einen Moment Zeit und lass deiner Kreativität freien Lauf. Viel Vergnügen beim Ausfüllen!

Fülle die Anzeige für eine Kollegin oder einen Kollegen deiner Wahl aus, um sie oder ihn, zumindest für einen Moment, gedanklich aus deinem Leben zu verbannen.

KOLLEGE ABZUGEBEN

NAME:

SELBSTABHOLER: ☐ JA ☐ NEIN

WO:

ZUSTAND:

FACHGEBIET:

STÄRKEN:

SCHWÄCHEN:

KURZBESCHREIBUNG

PREIS VB:

BÜRO BULLSHIT BINGO

PROAKTIV	24/7	KICK-OFF	DA MÜSSEN WIR UNS COMMITTEN
ABSOLUTER NO-BRAINER	QUICK-WIN	SYNERGIE-EFFEKTE	DSGVO
OUTSIDE THE BOX	DAS SKALIERT NICHT	ASAP	DIE EXTRA MEILE GEHEN
AM ENDE DES TAGES	LEARNING	SOCIAL-MEDIA	PRIO 1

Das Büro-Bullshit-Bingo hilft dir bei langweiligen Meetings, indem es die im Arbeitsumfeld verwendeten Begriffe auf die Schippe nimmt.

So spielst du es: Ich habe links für dich bereits ein paar Bullshit-Bingo-Begriffe aufgeschrieben. Während eines Meetings oder einer Präsentation markierst du die Begriffe in diesen Kästchen, sobald sie von einem Kollegen verwendet werden. Das Ziel ist es, eine Reihe von Sprüchen horizontal, vertikal oder diagonal zu markieren, um "Bingo!" zu rufen Es ist ein lustiger Weg, den oft repetitiven und stereotypen Sprachgebrauch im Büroalltag humorvoll zu betrachten.

Oben kannst du dein eigenes Bullshit-Bingo entwickeln.

Viel Spaß beim Büro-Bullshit-Bingo!

SPASS MIT BÜROMATERIAL:

Entdecke die unendlichen Möglichkeiten von Büromaterialien! Lasse deiner Kreativität freien Lauf und verwandle alltägliche Gegenstände wie Büroklammern, Post-its und Stifte in faszinierende Kunstwerke oder skurrile Skulpturen. In der Welt des Büros sind diese Materialien vielleicht nur Mittel zum Zweck, aber in den Händen eines kreativen Geistes werden sie zu Ausdrucksformen, die Spaß und Farbe in den grauen Alltag bringen.

Kreiere lustige Kunstwerke, indem du Büroklammern zu Miniaturfiguren formst oder Post-its zu kunstvollen Collagen zusammensetzt. Nutze deine Stifte, um einzigartige Skulpturen zu erschaffen oder deine Ideen auf Papier zu bringen. Kreativität kennt keine Grenzen, und im Büro gibt es unzählige Möglichkeiten, sie zum Ausdruck zu bringen!

WEISHEIT DES TAGES

Ein falsches Lächeln ist die beste Art, wie du jemand anderem zeigen kannst, dass er dir am Arsch vorbei geht.

Der Mandala Büro-Hund

Inmitten des hektischen Büroalltags gibt es einen ganz besonderen Mitarbeiter: den Bürohund! Sein Fell ist ein Mandala, das deine Kreativität beflügeln soll und den Spaß ins Büro holt. Ich hoffe du liebst es ihn etwas bunter zu machen. Er ist der wahre Held des Bürodschungels, immer bereit, mit einem wedelnden Schwanz und einem freundlichen "Wuff" die Stimmung zu heben!

ARRR PIRAT

Stell dir vor, du bist ein furchtloser Pirat, der ein fremdes Piratenschiff gekapert hat. An Deck stehen drei Gefangene, die dich an deine Kollegen im Büro erinnern. Doch wie in den wilden Gewässern der Karibik üblich, musst du eine knifflige Entscheidung treffen: Welchen Piraten lässt du auf der einsamen Insel zurück?

Deckname

KLEINE ABKÜHLUNG GEFÄLLIG

Wie wäre es mal mit einem leckeren Eiskaffee?

Zutaten:

1 Tasse frisch gebrühter Kaffee (stark)
1-2 Teelöffel Zucker oder nach Geschmack
1/2 Tasse Milch (kalt)
Eiswürfel
Schlagsahne (optional)
Kakaopulver oder Kaffeepulver zum Garnieren (optional)

Anleitung:

Brühe zuerst deinen Kaffee stark auf. Du kannst entweder eine Espressomaschine verwenden oder einfach doppelt so viel Kaffeepulver wie normal verwenden.

Gib den Zucker in den heißen Kaffee und rühre um, bis er sich vollständig aufgelöst hat. Dies hilft, den Kaffee süßer zu machen und verhindert, dass der Zucker am Boden des Glases bleibt.

Lasse den Kaffee abkühlen oder stelle ihn in den Kühlschrank, um ihn schnell zu kühlen. Fülle ein großes Glas mit Eiswürfeln. Gieße den abgekühlten Kaffee über die Eiswürfel. Füge die kalte Milch hinzu und rühre um, um alles zu vermischen. Wenn du möchtest, kannst du noch einen Klecks Schlagsahne auf den Eiskaffee geben.

Optional kannst du den Eiskaffee mit etwas Kakaopulver oder Kaffeepulver bestreuen, um ihm eine zusätzliche Geschmacksnote zu verleihen.

Genieße deinen erfrischenden Eiskaffee!

SODUKU ZAHLEN-RÄTSEL #1

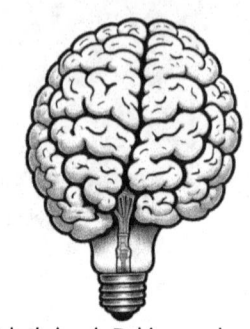

Wirf deine Sorgen über Bord und schnall dich an für eine rasante Fahrt durch Zahlen und Rätsel. Hier geht es nicht nur ums Gewinnen, sondern vor allem um den Spaß und die Freude am Knobeln. Also schnapp dir deinen Stift, zieh dein lustigstes Sudoku-Grinsen auf und entwirre dieses Rätselchaos!

	5			2		1		
2		4			1	5		6
	3		5		9			
9				8		6	2	3
	4	5	6		2		1	
6		8		1		4		5
5		2	9		8			
		9	2		3			1
	8	3		4		9		

UNNÜTZES BÜROWISSEN #2

Die Entstehungsgeschichte der Post-It® Haftnotizen ist eigentlich recht einfach. Ursprünglich war der Klebstoff das Ergebnis eines missglückten Experiments, und die Entdeckung geschah zufällig. Später erinnerte sich jemand an den unbrauchbaren Klebstoff, der nicht richtig haftete, und die ersten Haftnotizen wurden erfunden. Das ist im Grunde die Geschichte.

Nun aber etwas detaillierter: Vor über 50 Jahren begann alles, als im Jahr 1968 der amerikanische Chemiker Dr. Spencer Silver bei der Minnesota Mining and Manufacturing Company (3M) versuchte, einen stärkeren Klebstoff zu entwickeln. Er entdeckte dabei Mikrosphären, durch die Klebstoffe ihre Hafteigenschaften behalten, sich jedoch leicht ablösen ließen. Leider entsprach das nicht den Anforderungen des Unternehmens. Dr. Silver bemühte sich mehrere Jahre lang vergeblich, seine Entdeckung voranzutreiben.

1974 erinnerte sich ein anderer Wissenschaftler bei 3M an Dr. Silvers Seminare und Bemühungen. Dieser Wissenschaftler war Arthur Fry. Jeden Mittwochabend bereitete er mit Papierstreifen die Kirchenlieder im Gesangsbuch vor. Leider fielen die Streifen bis zum nächsten Gottesdienst am Sonntag jedes Mal heraus. Dies verärgerte ihn, also testete er den speziellen Klebstoff seines Kollegen Dr. Silver im Gesangsbuch. Seine neuen Lesezeichen hielten bis Sonntag und beschädigten die Buchseiten nicht. Zusammen mit Dr. Silver erkannten sie das Potenzial dieses Produkts als neues Kommunikationsmedium.

Sie begannen, Mitteilungen auf den Haftnotizen zu schreiben und im Büro zu verteilen. Die Mitarbeiter waren begeistert. Die ersten Post-it® Haftnotizen wurden 1977 als Lesezeichen unter dem Namen "Press'n Peel" veröffentlicht. Ein Jahr später, 1978, verteilte 3M kostenlose Muster an Kunden, was als "Boise Blitz" bekannt wurde und ein großer Erfolg war. 1979 wurden die Post-it® Haftnotizen erstmals als solche vorgestellt, und am 6. April 1980 kamen sie in die amerikanischen Geschäfte. Ein Jahr später, 1981, wurden sie auch in Kanada und Europa eingeführt.

Heute sind Post-it® Haftnotizen weltweit erhältlich, und die Marke bietet über 4000 Produkte in mehr als 150 Ländern an. Der Begriff "Post-it®" ist zu einem Deonym geworden, einem eigenständigen Begriff für Klebezettel. Die Firma 3M bringt ständig neue Entwicklungen auf den Markt und wird auch in Zukunft viele Innovationen präsentieren.

FINDE 10 FEHLER

In der monotonen Routine des Büroalltags scheint jeder Tag dem anderen zu gleichen. Doch auf dem Bild auf der rechten Seite verbirgt sich etwas Außergewöhnliches. Kannst du die Abweichungen entdecken? Deine Herausforderung besteht darin, 10 Fehler zu finden. Schau genau hin und vergleiche die Bilder und finde die versteckten Unstimmigkeiten, die dieses ansonsten gewöhnlichen Büro, anders macht.

TO THE MOON AND NEVER COME BACK

Willkommen zur Büro-Mondmission: Wer bleibt auf dem Mond? Hier geht es darum, sechs deiner liebsten (oder nicht so liebsten) Kollegen in eine Mondrakete zu setzen und sie auf eine Reise zum Mond zu schicken - mit dem klaren Ziel, dass sie nicht wieder zurückkehren!

Stell dir vor, du könntest die nervigsten Kollegen aus deinem Büro in eine Rakete stecken und sie auf eine kosmische Reise schicken, um den Mond zu erkunden (und hoffentlich dort zu bleiben).

Bereite dich darauf vor, deine unerwünschten Bürokollegen auszuwählen und sicherzustellen, dass sie sich auf dem Mond so richtig 'wohlfühlen'. Der Countdown läuft

10 ... 9 ... 8 ... 7... 6 ... 5 ...4 ... 3 ... 2 ... die Rakete startet.

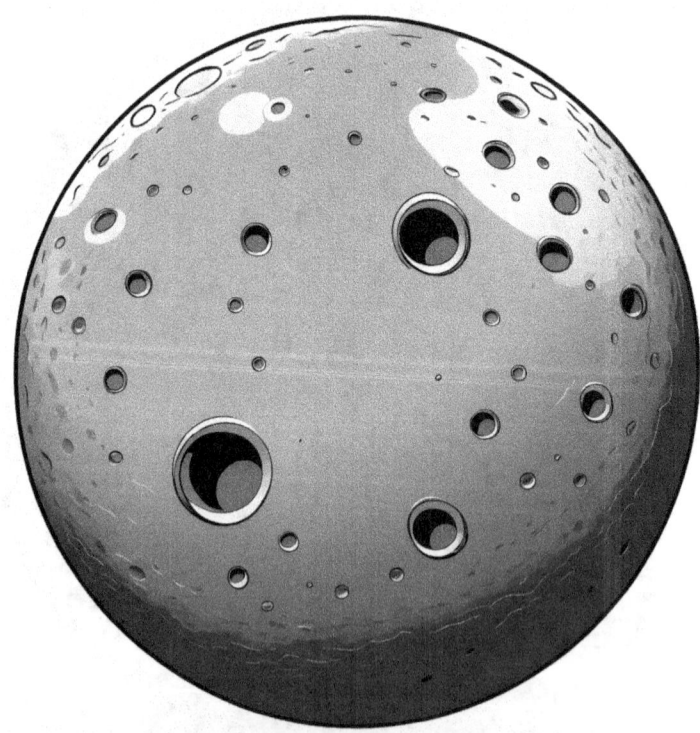

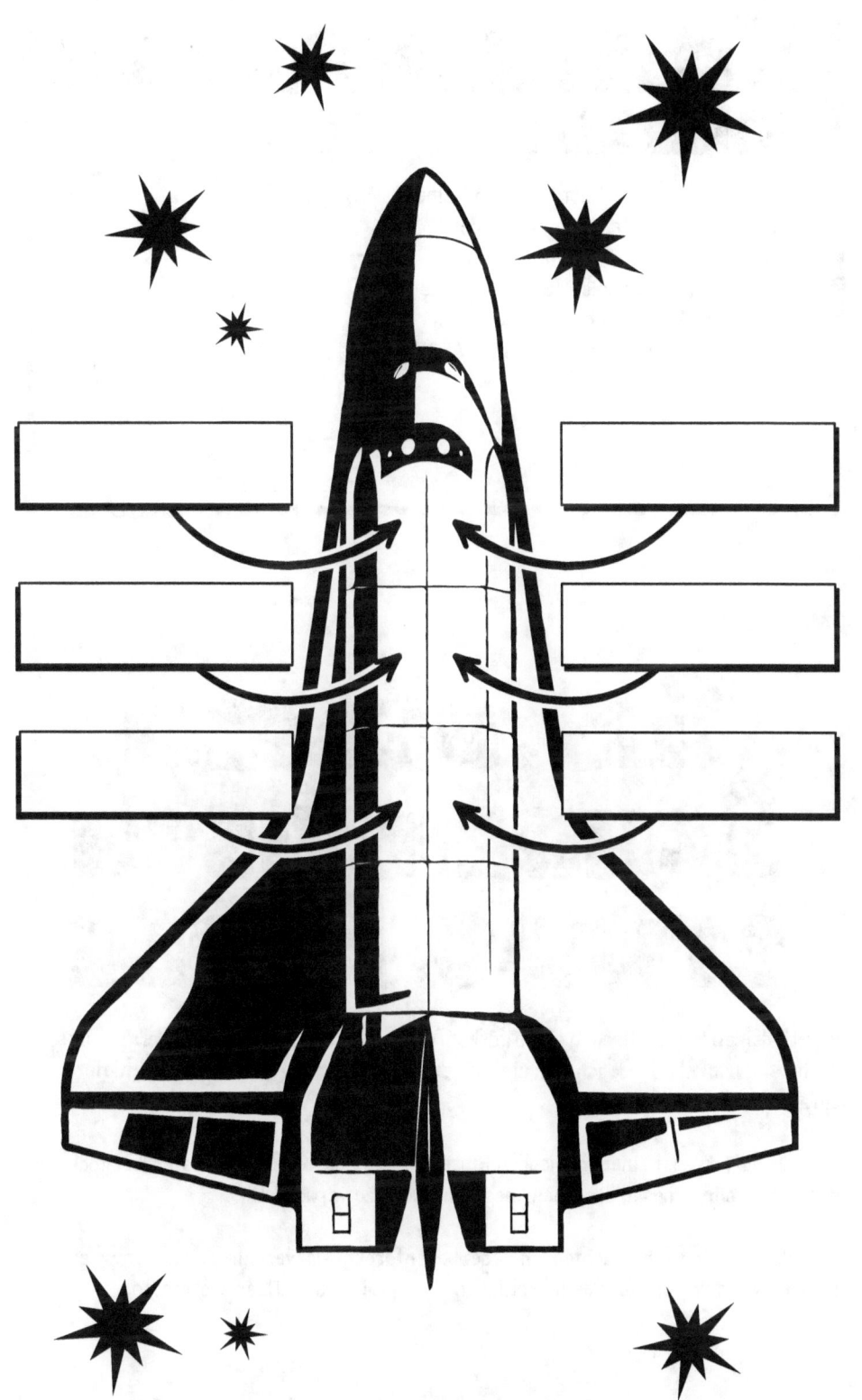

KOLLEGENPRANK

Lege ab und zu ein Blatt Papier mit einer harmlosen, aber leicht verwirrenden Nachricht auf den Schreibtisch eines Kollegen. Zum Beispiel: "Bitte dringend um Rückruf bezüglich des Berichts über das Treffen von gestern. PS: Bitte ASAP"

GIB DEINEM SCHREIBTISCH ETWAS FARBE

Bereit, deinen Schreibtisch in einen farbenfrohen Arbeitsplatz zu verwandeln? In unserem nächsten Ausmalbild lade ich dich ein, deinen Schreibtisch mit kräftigen Farbtupfern aufzupeppen!

Stell dir vor, du hast einen magischen Pinsel in der Hand, bereit, die triste Oberfläche deines Schreibtisches in ein lebendiges Kunstwerk zu verwandeln.

Male die Schubladen in leuchtenden Regenbogenfarben aus, verleihe deiner Lampe einen frischen Anstrich und lass deine Ablage in einem Meer aus Glitzer erstrahlen!

Eine der schönsten Entspannungsübungen geht wie folgt: Setze dich einfach gerade auf deinen Stuhl und stelle deine Füße fest auf den Boden. Drehe dann deinen Oberkörper und Kopf nach hinten zur Stuhllehne, ohne dabei deine Sitzposition zu ändern. Deine Füße bleiben weiterhin fest auf dem Boden. Drehe nur so weit, wie du kannst, ohne die Position zu verlassen. Wenn möglich, umfasse dabei die Stuhllehne und schaue dich im Büro um. Nach einigen Sekunden kannst du die Dehnung lösen und dasselbe zur anderen Seite wiederholen. Auf diese Weise kannst du deine Rückenmuskeln wohltuend entspannen.

DAS PICKELGESICHT

Zeichne deinem „Lieblingskollegen oder deiner Lieblingskollegin" einfach die Pickel ein, die er oder sie verdient.

Deckname   Deckname

HEY TIGER

Heute ist 'Brüll wie ein Tiger'-Tag. Dem Tag, an dem du deine innere Wildkatze entfesseln und der Welt zeigen kannst, dass du der König oder die Königin des Dschungels bist! Heute dreht sich alles um Mut, Entschlossenheit und die kraftvolle Energie eines Tigers.

Du kannst dem Tiger auch noch etwas Farbe verpassen, wenn du möchtest.

BÜROPHRASEN AUS DER HÖLLE

„DAS IST UNSER GRÖSSTER STRUGGLE MOMENTAN"

DEINE BÜRO-STRATEGIE

FLUCHBOX

Hier kannst du heute den gesamten Frust loswerden.

DER BÜRO-CLOWN

Bist du bereit, einen deiner Kollegen als Clown auf Papier festzuhalten? Schnapp dir deine Stifte und wirf einen humorvollen Blick auf deine Bürogemeinschaft! Einer deiner geschätzten Kollegen soll in einem fröhlichen und bunten Clownbild dargestellt werden. Lass die Stifte kreisen und den Kollegen ordentlich bunt werden.

BÖROKLAMMER-RÄTSEL #1

Verschiebe nur eine Büroklammer damit die Gleichung aufgeht!

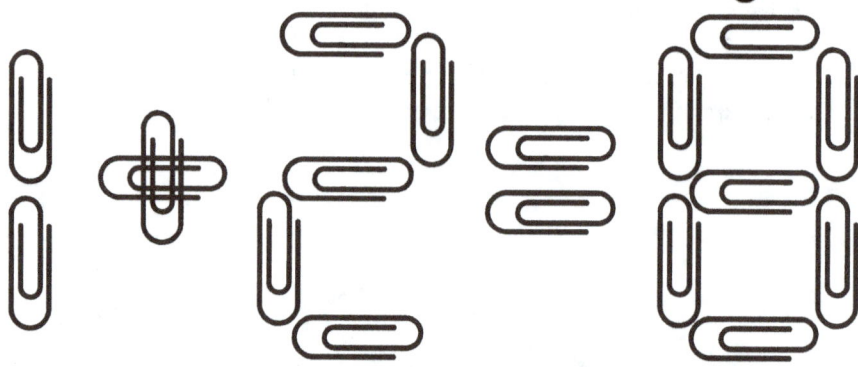

DAS TIER IN DEINEN KOLLEGEN

Geht es dir auch so, dass du manchen deiner Kollegen mit einem Tier vergleichst? Dann sei jetzt bereit für ein tierisches Vergnügen im Büro? Ordne die Eigenschaften deiner Kollegen einem Tier zu.

ESEL

_____

Deckname

FAULTIER

_____
Deckname

RATTE

_____
Deckname

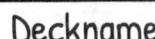

SCHLANGE

_____
Deckname

KAMEL

_____
Deckname

IRREN IST MENSCHLICH

Fehler passieren. Man kann aber diese Missgeschicke auch mit etwas Humor umschiffen. Hier sind ein paar humorvolle Ausreden, um aus den absurdesten Büromissgeschicken herauszukommen. Denn warum sich stressen, wenn man stattdessen lachen kann.

Missgeschick #1:
Du schickst eine private E-Mail, mit einer Liebesbotschaft an deinen Schatz, an einen Vorgesetzen.

Deine Ausrede:
Das war ein Experiment zur Überprüfung der Reaktionen auf unerwartete E-Mails. Herzlichen Glückwunsch, Sie haben die Aufgabe gemeistert!

Missgeschick #2:
Du verursachst einen Druckerstau.

Deine Ausrede:
Ich habe versucht, dem Drucker beizubringen, wie man Origami macht. Offensichtlich war ich erfolgreich.

Missgeschick #3:
Du kommst zu spät zur Arbeit weil du verschlafen hast.

Deine Ausrede:
Tut mir leid für die Verspätung! Mein Wecker dachte es ist Wochenende und ich habe ihn anscheinend nicht rechtzeitig informiert, dass heute doch ein Arbeitstag ist.

Missgeschick #4:
Dein Schreibtisch ist völlig überfüllt und unaufgeräumt.

Deine Ausrede:
Oh, das ist keine Unordnung, das ist mein innovatives Chaos in Aktion! Wenn ich hier aufräume weiß ich nicht mehr wo ich etwas finden soll.

KOLLEGENPRANK

Die geheimnisvolle "To-Do"-Liste:

Füge ab und zu eine unerwartete Aufgabe oder ein ungewöhnliches Element zur "To-Do"-Liste eines Kollegen hinzu. Vielleicht etwas wie "Weltfrieden sichern" oder "Das Geheimnis des Kaffeekochens lüften".

UNNÜTZES BÜROWISSEN #3

DER KUGELSCHREIBER

Die Geschichte des Kugelschreibers reicht weit zurück. Bereits Galileo Galilei fertigte einen frühen Vorläufer des heutigen Kugelschreibers an. Im 19. Jahrhundert gab es dann die ersten Patente für Schreibgeräte, die ihre Tinte selbst trugen.

Die Grundform des heutigen Kugelschreibers wurde von László József Bíró aus Ungarn zusammen mit seinem Bruder Georg entwickelt. Über 18 Jahre hinweg tüftelten sie an der Grundform des Kugelschreibers mit Farbmine und einer rollenden Kugel zum Auftragen der Farbe auf Papier.

Der britische Geschäftsmann Henry George Martin erkannte schließlich das Potenzial des Kugelschreibers für Flugzeugbesatzungen. Er kaufte das Patent von Bíró, gründete die erste Kugelschreiberfabrik in England und verkaufte 1945 allein im ersten Jahr 30.000 Kugelschreiber an die Royal Air Force.

Nach dem Zweiten Weltkrieg begannen verschiedene Unternehmen weltweit mit der Produktion von Kugelschreibern. Der Franzose Bich löste das Problem des Kleckerns und machte den Kugelschreiber mit seinem Markennamen BIC zum Massenprodukt.

Seit 1950 gehört der Kugelschreiber zur Grundausstattung in Deutschland und hat sich im Laufe der Zeit zu einem unverzichtbaren Schreibgerät und einem beliebten Werbeträger entwickelt. Heutzutage ist der Kugelschreiber ein weit verbreitetes Schreibgerät.

TAGTRÄUME

Stell dir vor, du könntest jetzt irgendwo auf der Welt sein. Wo würdest du gerne sein? Schließe die Augen und lass deine Gedanken schweifen. Vielleicht träumst du von einem exotischen Strand, wo das türkisblaue Wasser sanft an den weißen Sand spült. Oder zieht es dich in die majestätischen Berge, wo du die frische Bergluft einatmest und den Ausblick auf endlose Täler genießt.

Vielleicht denkst du an eine aufregende Großstadt, in der das Leben nie stillsteht und die Straßen voller Energie und Möglichkeiten sind. Oder vielleicht zieht es dich zu einem ruhigen Rückzugsort auf dem Land, wo du die Natur in ihrer ganzen Pracht erleben kannst.

Nimm dir einen Moment Zeit, um deinen Traumurlaubsort auf dieser Landkarte zu markieren und dir vorzustellen, wie es dort aussieht. Tauche in deine Vorstellung ein und genieße diesen kleinen Moment der Flucht aus dem Alltag. Denn manchmal sind Tagträume der beste Weg, um dem Stress des Alltags zu entkommen und die Fantasie zu beflügeln. Wer weiß, vielleicht wird dein Traumurlaubsort eines Tages zur Realität!

ZEICHNE HIER DEINEN TRAUMORT

Muss ja nicht schön werden :-)

BÜROPHRASEN AUS DER HÖLLE

„DAS HABEN WIR SCHON IMMER SO GEMACHT"

OH HERR, MÖGE DER KAFFEE IMMER STARK GENUG SEIN.

FLUCHBOX

Hier kannst du heute den gesamten Frust loswerden.

Ab in den Schredder

Manchmal gibt es Momente im Büro, in denen wir uns wünschen, wir könnten ein paar Dinge einfach loswerden - sei es der stapelweise Papierkram oder vielleicht sogar der Gedanke an einige unserer Kollegen. Aber keine Sorge, dieser Schredder ist rein metaphorisch! In diesem Spiel hast du die Gelegenheit, auf spielerische Weise ein paar Gedanken zu teilen, indem du die Namen einiger Kollegen in den Schredder eintragen kannst. So kannst du auf humorvolle Art mal richtig Dampf ablassen. Also, wer soll jetzt einfach mal durch den Schredder gezogen werden? Trag es in die Papierstreifen ein.

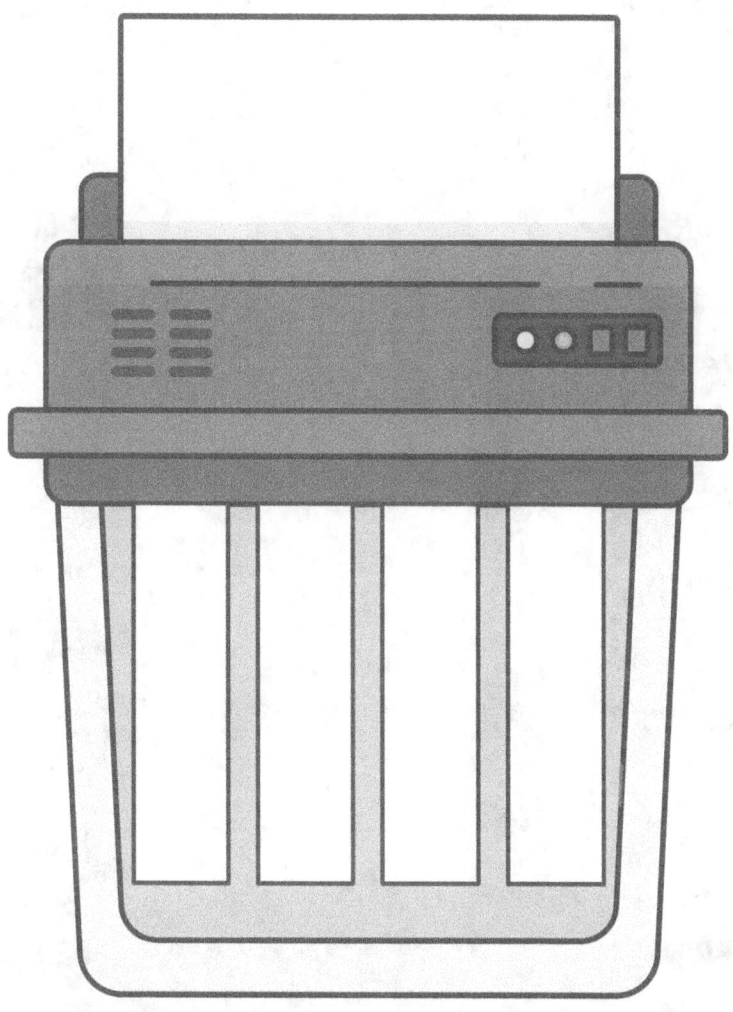

DER KAFFEEDIEB

Der gesamte Kaffee wurde gestohlen. Doch wer war es? Auf der Schranktür, in dem der Kaffee gelagert wurde, ist der Abdruck eines Daumens sichtbar. Um den Täter zu entlarven, musste jeder Mitarbeiter der Abteilung seinen Daumenabdruck auf einem Blatt Papier hinterlassen. Finde heraus, wer der Täter ist.

TÄTER ⟶

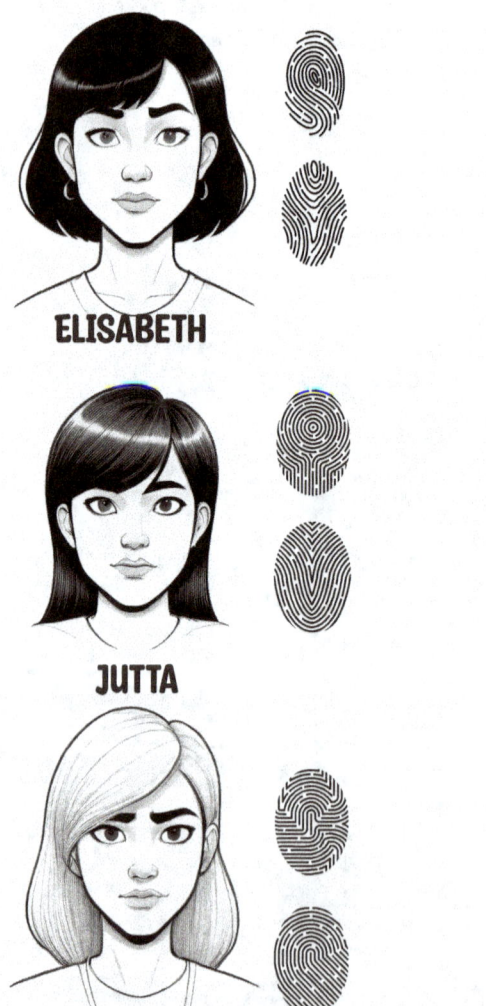

ELISABETH

JUTTA

SABRINA

PAUL

HORST

BERND

AGATHE

JOCHEN

THOMAS

LUIGI

CAROLINA

SIEGFRIED

KOLLEGENPRANK

Wenn dein pedantischer Kollege besonders auf Ordnung und Symmetrie achtet, könntest du seine Tendenz zur Pedanterie auf die Probe stellen, indem du die Gegenstände auf seinem Schreibtisch leicht verschiebst. Drehe Stifte um, versetze Notizblöcke oder verschiebe andere Gegenstände minimal. Denke daran, dass der Streich freundlich gemeint sein sollte und nicht dazu führen sollte, dass sich dein Kollege unwohl oder frustriert fühlt. Es ist wichtig, den Spaß im Büro im Rahmen zu halten und sicherzustellen, dass alle Beteiligten darüber lachen können.

UNNÜTZES BÜROWISSEN #4

DER KOPIERER

In modernen Büros sind reine Kopierer heutzutage kaum noch zu finden, da sie weitgehend durch Multifunktionsgeräte ersetzt wurden. Vor etwa 60 Jahren präsentierte Xerox den ersten serienmäßigen Kopierer der Welt. Hier eine kurze Historie:

1906 wurde in Rochester, USA, die Haloid Company gegründet, die sich auf die Herstellung von Fotopapieren spezialisierte und während des ersten Booms der Fotoindustrie florieren konnte. Doch gegen Ende des Zweiten Weltkriegs begannen die Marktanteile zu schwinden, da es an Produkten und Konzepten fehlte, um dem Rückgang der Fotoindustrie entgegenzuwirken. Der damalige Geschäftsführer Joseph C. Wilson sah sich gezwungen, das Unternehmen neu auszurichten. Auf der Suche nach neuen Technologien stieß er im Juli 1944 auf die Erfindung von Chester Carlson zur Erstellung von Schriftkopien auf Basis elektrischer Ladungsunterschiede - die "Xerographie".

1947 erwarb die Haloid Company, später umbenannt in Xerox Corporation, das Recht, Produkte auf Basis des Carlson-Verfahrens herzustellen. Das erste kommerzielle Xerographie-Kopiergerät, das Modell A, wurde 1950 eingeführt.

1959 wurde die Xerox 914 vorgestellt, ein Kopierer, der pro Minute sechs Kopien vollautomatisch erstellen konnte. Der Erfolg beruhte unter anderem auf der Vertriebspolitik: Die Xerox 914 wurde nicht verkauft, sondern vermietet. Diese Strategie trug wesentlich zum spektakulären Wachstum der gesamten Branche bei.

Die Verzahnung von Grundlagenforschung und Technologievermarktung setzte Xerox auch in der Folgezeit fort. So wurde das Palo Alto Research Center (PARC) gegründet, das wegweisende Entwicklungen wie die erste Computermaus oder den ersten kommerziellen Laserdrucker hervorbrachte.

Die Digitaldruckrevolution prägt heute die gesamte Industrie: Allein 2008 wurden über 40 Milliarden Farbseiten auf Xerox-Systemen gedruckt. Die Anpassung der Kopiergeräte - meist Multifunktionsgeräte - an die Anforderungen der digitalen Büroarbeitswelt ist im vollen Gange, mit Funktionen wie Cloud-Druck und Managed Print Services (MPS).

BÜRO-BLUMEN MANDALA

Was wäre ein Büro ohne Topfpflanzen. Diese Topfplanze braucht deine Liebe und etwas Farbe. Hol dir ein paar Buntstifte und lass sie in prächtigen Farben erstrahlen.

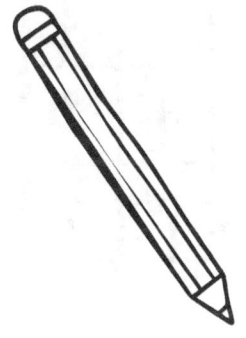

SODUKU ZAHLEN-RÄTSEL #2

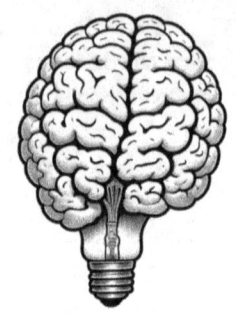

Tauche ein in die Welt der Zahlen und Logik mit diesem kniffligen Sudoku-Rätsel! Teste deine Fähigkeiten und fordere dein Denkvermögen heraus, während du versuchst, alle leeren Felder mit den richtigen Zahlen von 1 bis 9 zu füllen. Viel Spaß beim Lösen!"

	9	2	6		7	4		5
5		8				4	2	
	3		9		5		7	8
	1	9		4	3	5		
7	2		5	6			1	3
		3	2	1		9	4	5
	8	1			6	7		4
9		7	4	5			8	2
3		5	8	7	2		9	1

MOTTO DES TAGES

Ich bin nicht verrückt, meine Realität ist nur eine andere.

BÜROKLAMMER-RÄTSEL #2

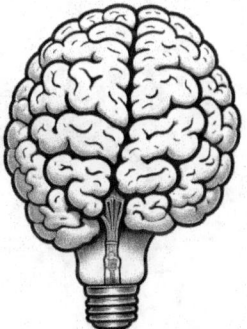

Verschiebe nur eine Büroklammer damit die Gleichung aufgeht!

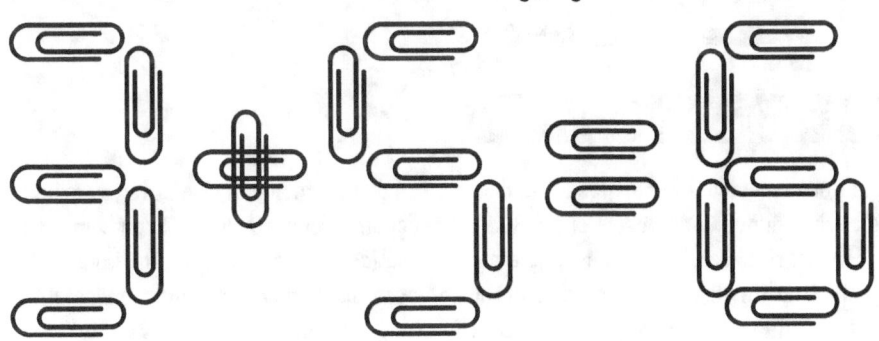

HAND- UND FINGERGELENKDEHNUNGEN:

Viele Büroangestellte verbringen Stunden am Tag damit, an einem Computer zu arbeiten, was zu Spannungen und Beschwerden in den Händen und Handgelenken führen kann. Hand- und Fingergelenkdehnungen sind eine einfache Möglichkeit, um die Flexibilität und Beweglichkeit in diesen Bereichen zu erhalten. Indem du deine Finger- und Handgelenke sanft dehnst und kreist, kannst du die Durchblutung verbessern und Beschwerden vorbeugen.

UNNÜTZES BÜROWISSEN #5

DAS PAPIER

Die Ursprünge der Papierherstellung lassen sich wahrscheinlich auf den Chinesen Tsai Lun zurückführen, der vor etwa 2.000 Jahren erstmals Papier aus Bambusfasern herstellte. Über einen Zeitraum von mehr als 1.000 Jahren gelangte dieses Wissen von Mittelasien und Arabien nach Ägypten und schließlich nach Vabriano in Italien. Die erste deutsche Papiermühle wurde 1390 in Nürnberg in Betrieb genommen.

Seitdem hat sich das Grundprinzip der Papierherstellung kaum verändert. Im 16. Jahrhundert wurde der sogenannte Holländer erfunden, benannt nach seinem Ursprungsland, für die Faserstoffgewinnung. 1799 wurde die erste Maschine zur Herstellung endloser Papierbahnen entwickelt, und im 19. Jahrhundert kam der Trockenzylinder hinzu. Früher wurden ausschließlich Hadern, das sind Pflanzenfasern aus Alttextilien, zur Papierherstellung verwendet, was die Produktion aufwendig und teuer machte. Die Erfindung des Holzschliffs im Jahr 1843 ermöglichte schließlich die kostengünstige Massenproduktion von Papier. Durch weitere technische, chemische und technologische Fortschritte haben sich die Anwendungsbereiche von Papiererzeugnissen stark erweitert.

Die Papierherstellung erfolgt heutzutage in Papierfabriken und folgt im Wesentlichen immer noch dem ursprünglichen Verfahren. Der Hauptunterschied zwischen der handwerklichen und der maschinellen Produktion besteht darin, dass im manuellen Verfahren einzelne Bögen von Hand geschöpft wurden, während die maschinelle Produktion eine kontinuierliche Papierbahn erzeugt.

WEISHEIT DES TAGES

 *Ein Problem ist eine Chance, es einem Kollegen unterzuschieben.*

WER GEHT DIR HEUTE AUF DEN SACK

Schreib auf wer dir heute tierisch auf den Sack geht

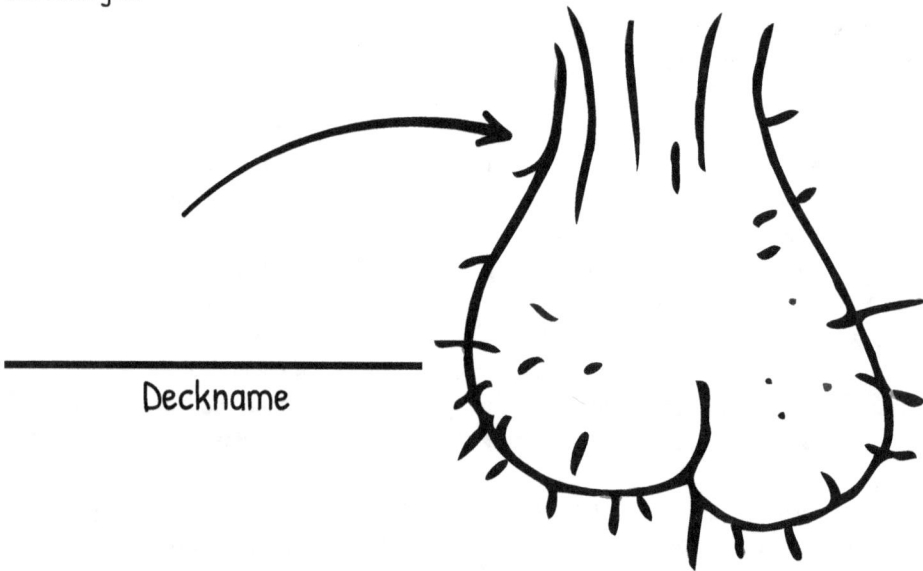

Deckname

BÜRORÄTSEL #2

In einem Büro finden die Mitarbeiter eine mysteriöse Schachtel auf ihrem Konferenztisch. Sie öffnen sie und finden darin einen Zettel mit folgendem Rätsel: "Was ist immer vor dir, aber kann nie gesehen werden?" Die Mitarbeiter sind ratlos und fragen sich, was die Lösung sein könnte. Kannst du ihnen helfen?

KOLLEGENPRANK

Die Computer-Maus:

Tausche die Maus eines Kollegen gegen eine andere drahtlose Maus von einem anderen Schreibtisch aus. Beobachte, wie dein Kollege versuchen wird herauszufinden, warum ihre Maus nicht funktioniert!

KOLLEGENKOMPLIMENTE FÜR ZWISCHENDURCH

,, *Du solltest täglich dafür beten, dass dein Alter mit deinem Aussehen mithalten kann.* ,,

FLUCHBOX

Hier kannst du heute den gesamten Frust loswerden.

BÜROKLAMMER-RÄTSEL #3

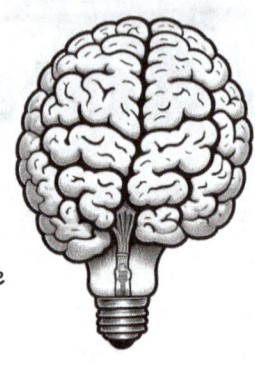

Wie kann man durch geschicktes Legen mit nur fünf Büroklamme die Zahl Acht darstellen?

KOLLEGENPRANK

Die Post-it-Invasion:

Bedecke den Schreibtisch eines Kollegen mit unzähligen Post-it-Notizen. Schreibe freundliche Nachrichten, lustige Bilder oder einfach nur eine Menge "Hallo" - dein Kollege wird sicherlich überrascht sein, wenn er an seinen Schreibtisch zurückkehrt!

WEISHEIT DES TAGES

Erfolg ist die Fähigkeit, Misserfolge einem ungeliebten Kollegen in die Schuhe zu schieben.

BÜROPHRASEN AUS DER HÖLLE

„DAS SKALIERT NICHT"

ICH WOLLTE BERUFLICH SCHON IMMER ETWAS MIT MENSCHEN MACHEN

AB IN DEN TOPF

Hex Hex! Welcher deiner Kollegen oder welche Kollegin soll in diesem Kochtopf der Hexe für immer verschwinden?

_____

Deckname

STINKEFINGER MITTWOCH

Der "Stinkefinger-Mittwoch" ist jener Tag, an dem die Wochenmitte nicht mehr wie ein freundlicher Ruhepunkt auf dem Weg zum Wochenende erscheint, sondern eher wie ein unbarmherziger Berg, den es zu erklimmen gilt. In diesem Buch möchten wir den "Stinkefinger-Mittwoch" mit einer Zeichnung zum Ausmalen begegnen. Denn egal wie hart der "Stinkefinger-Mittwoch" uns trifft, am Ende des Tages können wir uns immer darauf verlassen, dass das Wochenende näher rückt.

BRING FARBE IN DEN BÜROALLTAG

Kreiere deine eigene farbenfrohe Bürowelt! Nimm dir deine Buntstifte und verwandle diese Büroartikel in ein buntes Meisterwerk, das deinen Arbeitsplatz zum Strahlen bringt.

BÜRO-YOGA:

Nutze eine kurze Pause, um eine kleine Yoga-Session direkt an deinem Schreibtisch einzulegen. Strecke deine Arme nach oben und gähne wie eine faule Katze, um deine Muskeln zu entspannen und dich zu strecken. Yoga ist eine großartige Möglichkeit, Spannungen abzubauen und deinen Geist zu beruhigen, selbst wenn du im Büro bist.

DU KRIEGST PULS

Hast du auch diesen einen Kollegen bei dem du schon Puls kriegst wenn du ihn nur siehst. Dieser braucht gar nichts zu sagen und schon geht er dir auf den Sack. Zeichne ihn hier ein. Lass deiner Agression freien lauf.

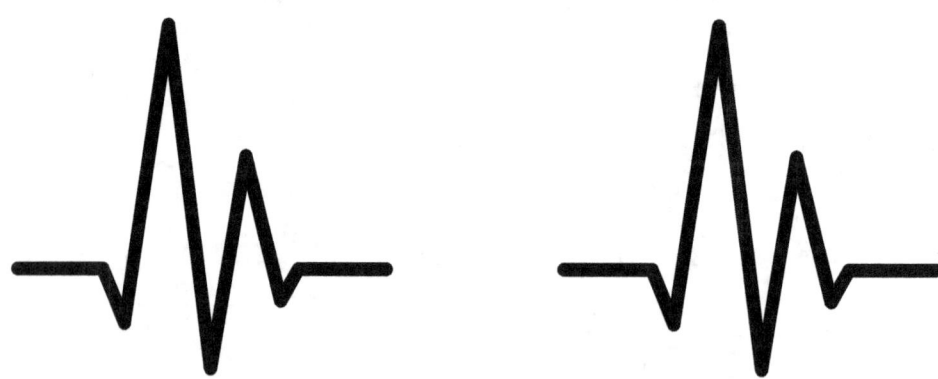

Deckname

KOLLEGENSCHWEIN

Welchen deiner Kollegen würdest du gerne hier in den Schweinekopf einzeichnen wollen?
Nimm dir ein paar Stifte und ab geht die wilde Sau. Tobe dich richtig aus!

BÜROPHRASEN AUS DER HÖLLE

„WIR SITZEN DA ALLE IM GLEICHEN BOOT"

KOLLEGENPRANK

Die Mysteriöse Kaffepause:

Verstecke die Kaffeetasse oder den Kaffeebecher eines Kollegen und beobachte, wie er verzweifelt nach seinem geliebten Kaffeegefäß suchen wird!

WEISHEIT DES TAGES

„ Die grössten Herausforderungen bringen nichts wenn nicht mehr Knete dabei rausspringt. "

UNNÜTZES BÜROWISSEN #6

Das moderne Büro, wie wir es heute kennen, hat seine Wurzeln in der industriellen Revolution des 19. Jahrhunderts. Hier sind einige interessante Fakten und Meilensteine:

Entstehung des Büros: Mit dem Aufkommen von Fabriken und industriellen Produktionsstätten entstand die Notwendigkeit für Verwaltungsaufgaben, Buchhaltung und Organisationsstrukturen. Das führte zur Entwicklung von Büros als spezielle Arbeitsräume für diese Aufgaben.

Taylorismus und Scientific Management: In den frühen 1900er Jahren prägte Frederick Winslow Taylor das Konzept des Scientific Management. Seine Methoden zur Effizienzsteigerung und Produktivitätsmaximierung beeinflussten stark die Organisationsstrukturen von Büros.

Der Aufstieg des Schreibtischs: In den 1920er Jahren wurde der Schreibtisch zu einem zentralen Symbol des Bürolebens. Büroangestellte begannen, standardisierte Büromöbel wie Schreibtische, Stühle und Aktenschränke zu verwenden, um ihre Arbeit zu organisieren.

Die Ära der Büroautomatisierung: Die Einführung von Computern und Büroautomatisierungssystemen führte zu erheblichen Veränderungen in der Büroarbeit. Papierbasierte Prozesse wurden durch elektronische Systeme ersetzt, was die Effizienz und Produktivität steigerte.

Die Entwicklung des Cubicle Office: In den 1960er und 1970er Jahren wurde das Konzept des Cubicle Office populär. Büros wurden in modulare Arbeitsbereiche unterteilt, die durch Trennwände oder Cubicles getrennt waren. Dies sollte die Zusammenarbeit fördern und gleichzeitig den Bedürfnissen nach Privatsphäre und Konzentration gerecht werden.

Die digitale Revolution: Mit dem Aufkommen des Internets und der digitalen Technologien in den 1990er Jahren erlebte das Büro eine weitere Transformation. Die Kommunikation wurde schneller und effizienter, und virtuelle Büros und Remote-Arbeitsmöglichkeiten wurden zunehmend beliebt.

Die flexible Arbeitsplatzgestaltung: In jüngerer Zeit hat sich der Trend zu flexiblen Arbeitsplatzgestaltungen und Co-Working-Spaces verstärkt. Unternehmen erkennen die Bedeutung von flexiblen Arbeitsumgebungen und Remote-Arbeitsmöglichkeiten für die Mitarbeiterzufriedenheit und -produktivität.

BÜROKLAMMER-RÄTSEL #4

Durch Verlegen von zwei Büroklammern, ergeben sich drei gleiche Dreiecke! Welche zwei Büroklammern müssen bei diesem Rätsel bewegt werden?

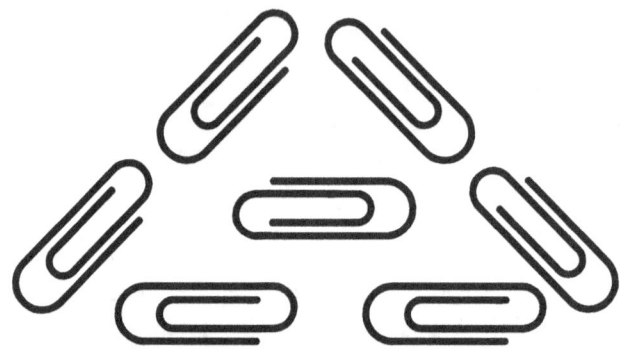

FLUCHBOX

Hier kannst du heute den gesamten Frust loswerden.

AB IN DIE TONNE

Manchmal fühlt es sich an, als ob der Büroalltag einen vor unüberwindbare Herausforderungen stellt. Doch was wäre, wenn wir unsere Probleme einfach in die Tonne werfen könnten? Welcher deiner Kollegen oder welche Kollegin soll heute in die Tonne geworfen werden?

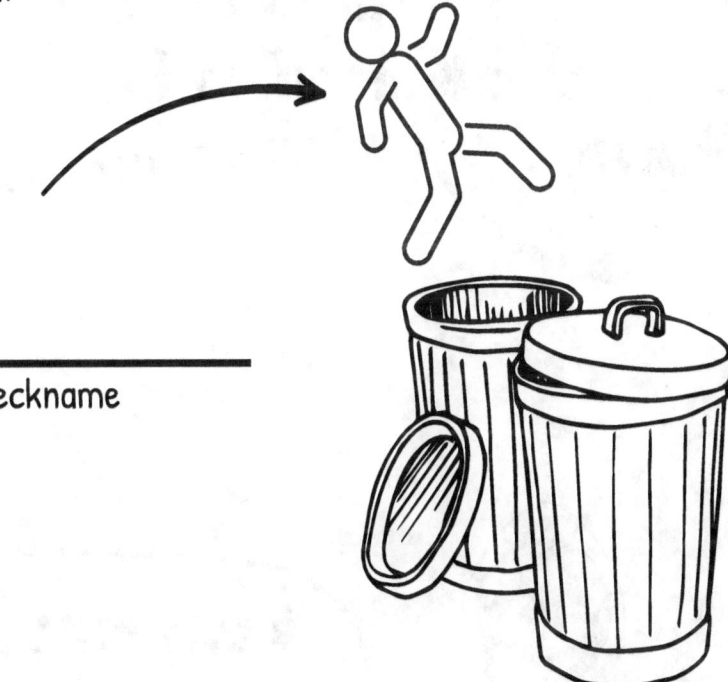

_____

Deckname

BÜRORÄTSEL #3

In einem Büro steht ein großer Tresor, in dem wichtige Dokumente aufbewahrt werden. Eines Tages bemerkt der Geschäftsführer, dass der Tresor offen steht, obwohl niemand außer ihm Zugang dazu haben sollte. Er überprüft den Inhalt und stellt fest, dass nichts fehlt. Was ist passiert?

BÜROPHRASEN AUS DER HÖLLE
„WIE KRIEGEN WIR DIE KUH VOM EIS?"

MACH MAL EINE KURZE PAUSE

BÜRO-TANZPARTY:

Überrasche deine Kollegen mit einer spontanen Tanzparty im Büro! Schalte deine Lieblingsmusik ein, steh auf und tanze! Lass dich von der Musik mitreißen und zeig deinen besten Moves. Tanzen ist nicht nur eine großartige Möglichkeit, Stress abzubauen, sondern auch eine unterhaltsame Art, eine Pause vom Arbeitsalltag einzulegen und die Stimmung im Büro zu heben.

ZEIT FÜR EINE KURZE SNACKPAUSE

Los geht's mit dem Ausmalen von köstlichen Snacks! Hol deine Farbstifte heraus und bringe diese Leckerbissen zum Leben mit deiner ganz eigenen Farbpalette.

KOLLEGENPRANK

Die schwebenden Gegenstände:

Verwende durchsichtige Fäden, um Gegenstände wie Stifte, Tassen oder Fotos an der Decke über dem Schreibtisch eines Kollegen zu befestigen. Er wird überrascht sein, wenn er feststellt, dass seine Sachen "schweben"!

KOLLEGENKOMPLIMENTE FÜR ZWISCHENDURCH

"
Du bist nicht hässlich, du bist einfach nur visuell anspruchsvoll.
"

WEISHEIT DES TAGES

"
Jeder Tag ist eine neue Chance, seinen Kollegen eins auszuwischen.
"

UNNÜTZES BÜROWISSEN #7

In der Mitte des 19. Jahrhunderts begannen Büroangestellte auf Windsor Stühlen Platz zu nehmen. Diese leichten Holzstühle, im frühen 18. Jahrhundert in England entwickelt und bis heute produziert, sind leicht der Körperform angepasst, haben gedrehte Stuhlbeine und eine Rückenlehne aus Stäben. Einige Windsor Stühle verfügen über Armlehnen. Sie verdanken ihre Beliebtheit ihrer sparsamen Holzverwendung und der einfachen Herstellung mit wenig Werkzeug. Die Stabilität wird durch die schräg eingesetzten Stuhlbeine mit drei Querverbindungen gewährleistet. Benannt nach der Stadt Windsor, von der aus sie über die Themse nach London und von dort aus exportiert wurden, markierten sie den Beginn der Massenproduktion von Möbeln und waren relativ erschwinglich.

Ab 1840 tauchten in den Vereinigten Staaten die ersten Bürostühle auf, die sich durch Federn in unterschiedliche Richtungen bewegen ließen.

Frederick Winslow Taylors Arbeitsphilosophie prägte das gesamte 20. Jahrhundert. Über 30 Jahre lang führte Taylor Untersuchungen in Fabriken durch, um die Arbeitsabläufe zu verstehen, und veröffentlichte seine Organisationstheorien in "Scientific Management". Seine Ideen führten zur Spezialisierung von Arbeitern auf genau definierte Handgriffe, dem sogenannten Taylorismus, und empfahlen dem Management, Aufgaben und Arbeitsabläufe detailliert vorzugeben und streng zu überwachen. Dies führte zu Veränderungen in der Gestaltung von Bürostühlen, Schreibtischen und Arbeitsplätzen insgesamt.

Ab etwa 1905 wurde Bakelit entwickelt, ein hitzebeständiger und kostengünstiger duroplastischer Kunststoff, aus dem auch Bürostühle hergestellt wurden.

Seit den 1970er Jahren rückte die Ergonomie in den Vordergrund, inspiriert durch Messungen wie Henry Dreyfuss' "Measure of Man" von 1960 und Niels Diffrient's "Humanscale". Diffrients Arbeiten beeinflussten Designer dazu, sich vor dem Entwurf von Bürostühlen mit den Bedürfnissen des menschlichen Körpers auseinanderzusetzen.

Mit dem Aufkommen des Computers seit den 1980er Jahren entstanden Ideen wie das papierlose Büro und das Home Office. Moderne Arbeitsplätze erfordern Artikel, die sich schnell anpassen lassen, wie moderne, ergonomische Bürostühle, Hocker und höhenverstellbare Tische. Ergonomische Büromöbel wie Stühle mit Lumbalstütze, auch Lordosenstütze genannt, und Sitzkonzepte wie der Wilkhahn Stitz oder moderne Steh-Sitz-Tische sind immer beliebter geworden.

BÜROPHRASEN AUS DER HÖLLE

„ICH BIN AUS DEM MEETING RAUS, ARBEITE REMOTE"

FLUCHBOX

Hier kannst du heute den gesamten Frust loswerden.

MOTTO DES TAGES

Kaffee – weil Montage
ohne Kaffee sind
noch beschissener.

MACH MAL EINE
KURZE PAUSE

LUFTGITARREN-ROCKER:

Werde zum Rockstar deines Büros und spiele Luftgitarre zu deinem Lieblingssong! Stell dir vor, du bist auf der Bühne vor einem begeisterten Publikum und rockst mit deinen imaginären Gitarrenriffs das Büro! Diese lustige Übung wird dir ein Lächeln ins Gesicht zaubern und deine Stimmung verbessern.

HOL DIR DIE LOHNERHÖHUNG

Hier wartet die Lohnerhöhung auf dich wenn du den Weg dahin findest. Fange an bei 1 und zähle aufwärts bis du beim Geldtopf angekommen bist.

			38	24	11	12	13	48	98
			79	9	10	5	14	58	90
			1	8	3	27	15	29	30
31	32	1	34	7	36	17	16	39	40
41	42	2	44	6	46	18	9	49	50
88	26	3	4	5	12	19	10	59	60
61	62	63	15	65	21	20	68	69	70
74	72	73	24	23	22	77			
81	82	83	25	85	19	20			
91	64	93	26	27	28	29			

NATÜRLICH BIN ICH MOTIVIERT. NUR HALT NICHT MORGENS.

WEISHEIT DES TAGES

„ Ein leeres Büro ist der sicherste Ort der Welt – bis dich die Kollegen finden und mit Arbeit zuschmeissen! "

AB INS HAI-MAUL

Stellen wir uns vor, wir könnten nervige Kollegen einfach in das weit aufgerissene Maul eines Hais werfen und uns dann zurücklehnen, während sie in den Tiefen der Meere ein neues Zuhause finden. Keine endlosen Monologe über das Wetter, keine langweiligen PowerPoint-Präsentationen mehr - nur noch Frieden und Stille im Büro.

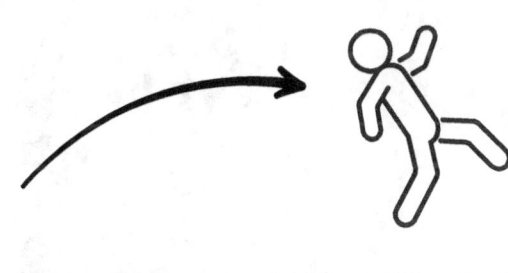

Deckname

KOLLEGENPRANK

Der umgedrehte Bildschrim:

Drehe den Bildschirm des Computers eines Kollegen um 180 Grad. Wenn er zurückkommt, wird er Schwierigkeiten haben, seinen Computer richtig zu bedienen!

DON'T STRESS, DO YOUR BEST, FORGET THE REST

FLUCHBOX

Hier kannst du heute den gesamten Frust loswerden.

IN DEN RING MIT DEN BEIDEN

Welche beiden Kollegen sollen einmal in den Ring steigen, weil beide Prügel verdient haben?

Deckname   Deckname

DIE QUASSELSTRIPPE

Jeder kennt wohl diese eine Kollegin, die einfach nicht aufhört zu reden. Egal über welches Thema, sie muss immer ausführlich darüber sprechen. Manchmal wünscht man sich fast, man könnte ihr einfach den Mund zukleben, damit endlich Ruhe einkehrt. Jetzt ist die Gelegenheit gekommen: Welcher Kollegin würdest du dieses imaginäre Mundpflaster verpassen?

Deckname

WEISHEIT DES TAGES

,, *Nicht der Wind, sondern der Urlaubsflieger bestimmt die Richtung.* ‘‘

FARBE GEGEN LANGWEILIGE MEETINGS

Mach dich bereit, deine künstlerischen Fähigkeiten sind gefragt! Male dieses langweilige Meeting aus und bringe Farben ins Spiel. Hol die Buntstifte und hübsche dieses langweilige Meeting etwas auf.

BÜROPHRASEN AUS DER HÖLLE

„ICH BIN GERADE NOCH IN EINEM CALL"

DEINE KOLLEGEN WENN DU AUS DEM URLAUB ZURÜCK BIST, WEIL SIE KEINEN PLAN HABEN.

AB INS LOCH

Stell dir vor, wir könnten unseren nervigen Kollegen einfach in ein Loch fallen lassen - ein Loch so tief, dass selbst die Helden von Jules Vernes „Reise zum Mittelpunkt der Erde" ihn nicht wiederfindet. Dort könnte er dann all seine langweiligen Geschichten erzählen und niemand würde zuhören, außer vielleicht ein paar wühlende Maulwürfe!

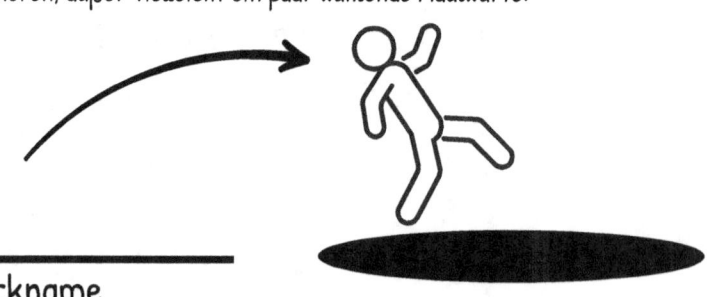

Deckname

DIE LACHPAUSE:

Schalte für eine kurze Lachpause ein paar lustige Videos ein und lass dich von herzhaftem Gelächter mitreißen! Lachen ist bekanntlich die beste Medizin und kann Wunder gegen Stress und Anspannung bewirken. Teile lustige Videos mit deinen Kollegen und genieße die positive Energie, die dadurch im Büro entsteht.

Was im Büro passiert, bleibt im Büro

Geht klar Chef

Als ob mir irgendjemand glauben würde was hier täglich abgeht.

Bürorätsel #4

Mann kann es in zwei Händen halten und doch kann es einen ganzen Raum ausfüllen. Was ist das?

KOLLEGENPRANK

Der Papierkugel-Schlacht:

Verstecke dich hinter einer Ecke und wirf Papierkugeln auf die Schreibtische der Kollegen, wenn sie nicht hinschauen. Sie werden sich wundern, woher die plötzlichen Angriffe kommen!

ARBEIT?
ICH DACHTE DU SAGTEST FREIZEIT!

MACH MAL EINE KURZE PAUSE

PAPIERFLIEGER-WETTBEWERB:

Bastel einen Papierflieger und veranstalte einen Wettbewerb mit deinen Kollegen! Wer schafft es, den Papierflieger am weitesten fliegen zu lassen? Lasst eurer Kreativität freien Lauf und habt Spaß beim Basteln und Fliegenlassen eurer Flieger. Diese kleine Pause wird eure Produktivität steigern und euer Team enger zusammenbringen.

UNNÜTZES BÜROWISSEN #8

DER SCHREIBTISCH

Ursprünglich stammte der Vorläufer des klassischen Schreibtisches aus der griechischen Antike, wo Menschen ein Brett als Schreibunterlage auf ihre Beine legten. Später erhielt dieses Brett Füße und wurde zu einem aufstellbaren Schreibpult.

Eine weitere Entwicklung war die Einführung klappbarer Tischplatten, unter denen Schreibutensilien verstaut wurden. Solche Tische waren bis ins 20. Jahrhundert in Schulen üblich, während Klöster Stehpulte verwendeten.

Der nächste Schritt war die Ergänzung dieser Schreibmöbel mit Schubladen und Rollläden, um mehr Stauraum zu schaffen, was zum Schreibschrank führte.

Gegen Ende des 17. Jahrhunderts entstand das „Bureau plat", das eine große Arbeitsfläche mit wenigen Schubladen bot und vom Schreibschrank abrückte.

In der Mitte des 18. Jahrhunderts wurden Zylinderbüros entwickelt, die Schubladen hinter Rollläden verbargen. Zu dieser Zeit etablierte sich auch die bekannte Schreibtischform mit Schubladen auf beiden Seiten der Arbeitsfläche.

Der Zweck eines Schreibtisches, das Lesen und Schreiben, ist bis heute gleich geblieben. Allerdings hat sich das Material stark verändert. Früher waren Schreibtische hauptsächlich aus Massivholz gefertigt und oft kunstvoll verziert. Mit der Industrialisierung wurden jedoch schnellere Fertigung und robustere Materialien gefordert.

Heutzutage werden Schreibtische oft aus modernen Materialien wie Aluminium, Stahl und Sperrholz hergestellt. Die Oberflächen sind kratzfest, pflegeleicht und bieten gestalterische Vielfalt ohne Grenzen.

JA JA MOIN FRESSE HALTEN KAFFEE HER

FLUCHBOX

Hier kannst du heute den gesamten Frust loswerden.

DAS AFFENGESICHT

Welcher deiner Kollegen erinnert dich an einen Affen? Mal diesen Affenkopf mit dem Gesicht deines Affen-Kollegen aus. Lass deiner Kreativität freien lauf.

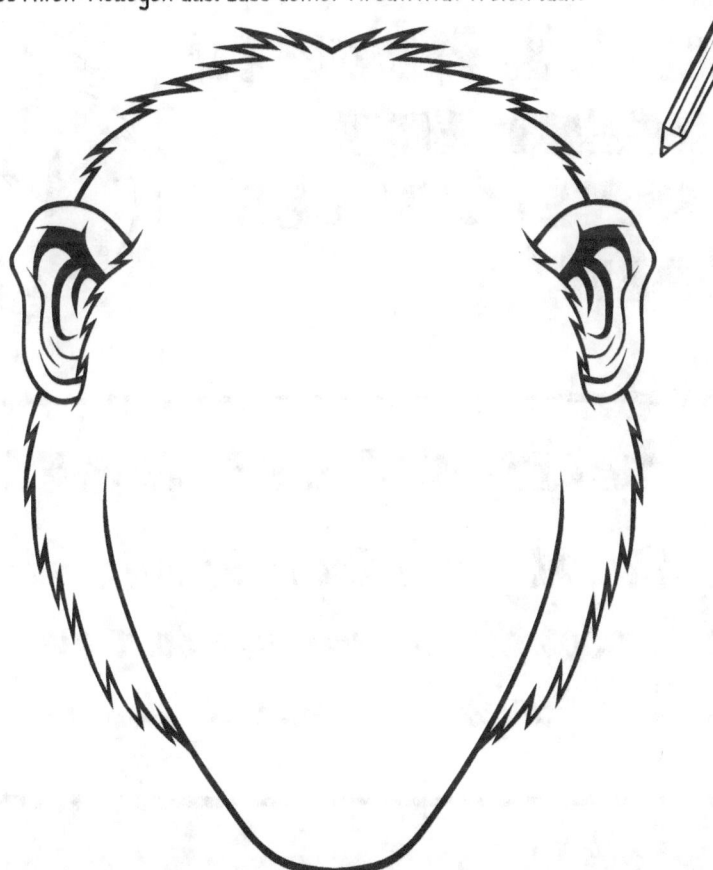

MACH MAL EINE KURZE PAUSE

BÜRO-MINIGOLF:

Verwandle deinen Schreibtisch in einen Mini-Minigolfplatz! Nutze Büroartikel wie Stifte und Papierkörbe, um Hindernisse zu gestalten, und versuche, den Ball mit einem Stift einzulochen. Lade deine Kollegen ein, mitzumachen, und erlebt gemeinsam Spaß und Gelächter.

ALLE 11 MINUTEN VERGEHT EINE MINUTE AUF DER ARBEIT

WEISHEIT DES TAGES

Der Weg zum Erfolg ist oft steinig, aber die Aussicht von oben auf deine Kollegen zu blicken ist es wert.

BÜROKLAMMER-RÄTSEL #5

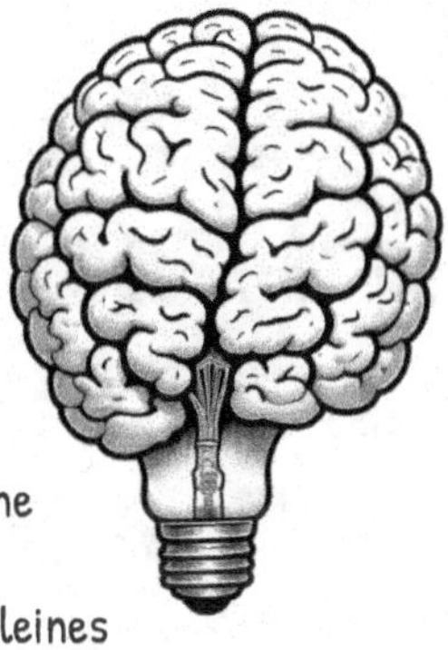

In dieser Darstellung kann man ein großes Quadrat und zwei kleine Quadrate erkennen. Die Rätselaufgabe besteht nun darin, vier Büroklammern so umzulegen, dass nur noch ein großes und ein kleines Quadrat zu sehen sind, die sich aber nicht berühren dürfen. Weiterhin darf das kleinere Quadrat nicht außerhalb des großen liegen.

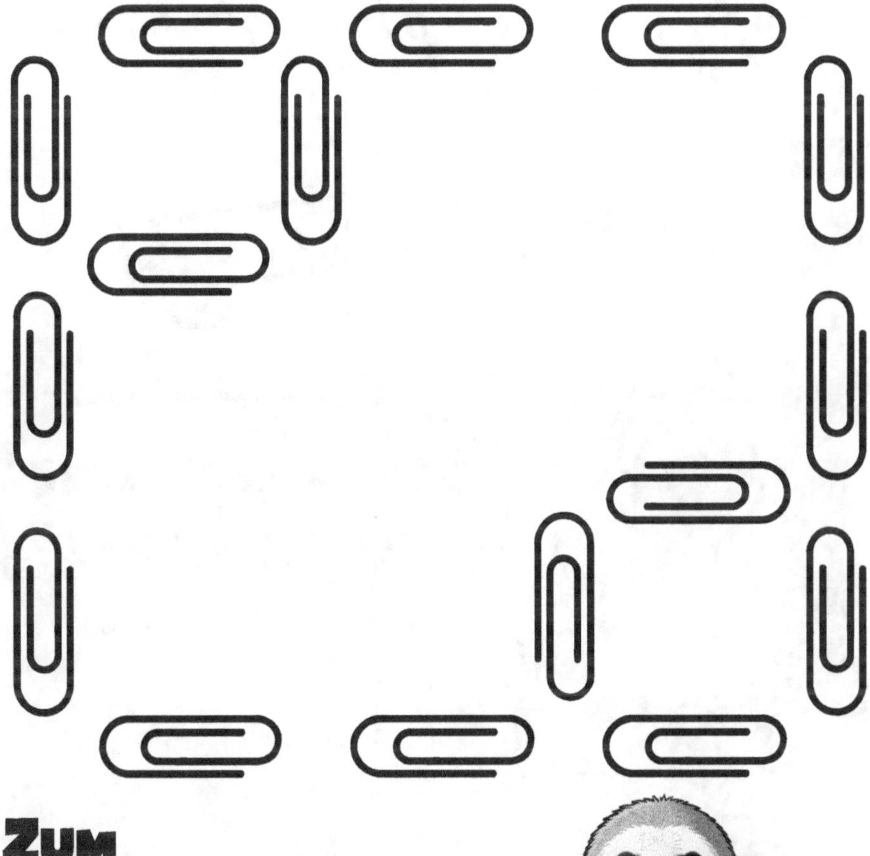

ZUM
KAFFEETRINKEN
GEBOREN
ZUR ARBEIT
GEZWUNGEN

Das Smartphone auf 6 Uhr Weckzeit gestellt aber nur noch 11% Akku.

Jetzt entscheidet das Schicksal.

Mach mal eine kurze Pause

Schicke eine lustige Nachricht oder ein Bild an einen Kollegen und bitte ihn, es mit einer persönlichen Note an einen anderen Kollegen weiterzuleiten. Beobachte, wie die Nachricht von Person zu Person reist und wie sie sich möglicherweise verändert. Diese Aktivität bringt nicht nur Freude, sondern fördert auch euren Teamgeist im Büro.

BÜROPHRASEN AUS DER HÖLLE

„LASS UNS AUF DIE LOW-HANGING-FRUITS KONZENTRIEREN"

WER MORGENS IM BÜRO SCHON SINGEN KANN, DER KANN AUCH MIT DEM KOPF DEN LOCHER FANGEN.

MOTTO DES TAGES

Arbeit ist wichtig, aber Kekse und Kaffee sind es auch.

KOLLEGENPRANK

Die falsche Besprechungseinladung:

Sende eine humorvolle Besprechungseinladung für eine erfundene "Pflichtveranstaltung" an die Kollegen. Beobachte, wie sie sich wundern, was sie erwartet, wenn sie eintreffen!

WEISHEIT DES TAGES

In der Ruhe liegt die Kraft. Atme tief durch und denke „leckt mich doch alle mal".

FLUCHBOX

Hier kannst du heute den gesamten Frust loswerden.

Eure alte Büroküche braucht etwas Farbe

Erwecke eure langweilige Küche wieder zum Leben! Hol deine Farbstifte heraus und gestalte deine eigene farbenfrohe Kantine. Deine Buntstifte verleihe diesem Ort der „kulinarischen Genüsse" einen ganz neuen Glanz!

AB IN DIE HÖLLE

Welcher deiner Kollegen soll heute in den Schlund der Hölle geschmissen werden.

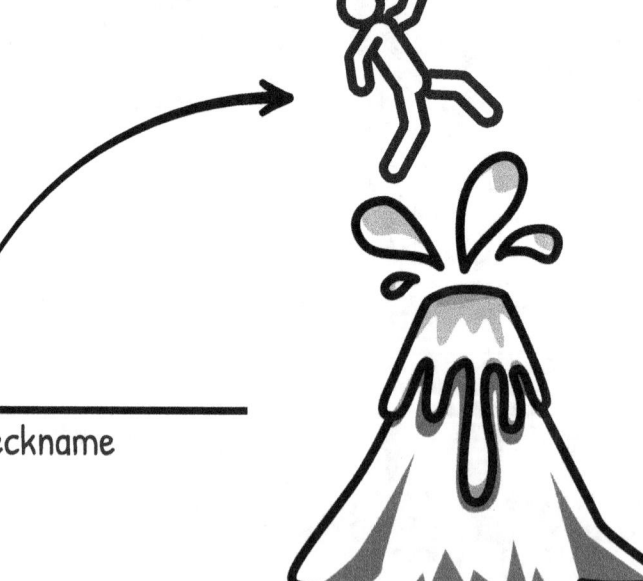

_____
Deckname

MAHLZEIT
HEUTE GIBT ES PIZZA

Knurrt dein Magen auch schon? Es ist Mittagspause und heute gibt es Pizza. Du musst nur den Weg zur Pizza finden und da wartet sie auch schon – deine Lieblingspizza.

WEISHEIT DES TAGES

"Jedes Ding braucht seine Zeit. Sei geduldig, denke daran, dass auch der beschissenste Tag einmal endet."

„WAS FÜR EINE SCHEISS WOCHE" DU AM MONTAG UM 8:30 UHR

KOLLEGENKOMPLIMENTE FÜR ZWISCHENDURCH

"Nudeln kochen ist für dich kein Problem. Die Spaghetti sind schon abgeschreckt wenn du nur in den Kochtopf guckst."

MACH MAL EINE KURZE PAUSE

Erstelle gemeinsam mit deinen Kollegen einen kurzen Sketch oder eine Comedy-Routine über den Büroalltag. Jeder kann eine Rolle spielen oder eine lustige Situation nachstellen. Es ist eine unterhaltsame Möglichkeit, den Arbeitsstress zu vergessen und gemeinsam zu lachen.

FLUCHBOX

Hier kannst du heute den gesamten Frust loswerden.

SODUKU ZAHLEN-RÄTSEL #3

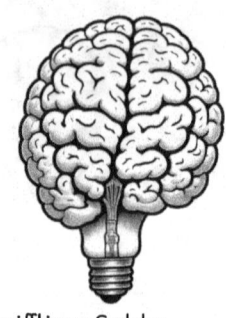

Fordere deine logischen Fähigkeiten heraus und stelle dich dieser kniffligen Sudoku-Herausforderung! Setze die Zahlen von 1 bis 9 in die leeren Felder ein und finde die richtige Kombination, die jede Zeile, jede Spalte und jedes 3x3-Quadrat vervollständigt. Ergründe die versteckten Muster, kombiniere geschickt Zahlen und werde zum Sudoku-Meister. Viel Spaß beim Knobeln und viel Erfolg auf deinem Weg zur Lösung!

	9		3			5		
					2		4	
			6				2	1
8	1	4	2		5	7		
				3	1			8
	7			9				6
		5	9		7	6		
		6	5	4	3		7	
		4	1			6	9	3	5

BÜROPHRASEN AUS DER HÖLLE

„WELCHE LEARNINGS KÖNNEN WIR DARAUS ZIEHEN?"

KOLLEGENPRANK

Der falsche Desktop-Hintergrund:

Ändere das Desktop-Hintergrundbild des Computers eines Kollegen in ein überraschendes oder lustiges Bild. Er wird sich wundern, wenn er seinen Computer wieder einschaltet!

WEISHEIT DES TAGES

Nur wer sein Ziel kennt, findet den Weg in den Feierabend.

BÜROPHRASEN AUS DER HÖLLE

„KANNST DU DICH UM DEN LEAD KÜMMERN? HABE KEINE KAPA MEHR"

AB INS ALL

Welcher deiner Kollegen soll heute an eine Rakete geschnallt werden und ins Weltall geschossen werden?

_____
Deckname

UNNÜTZES BÜROWISSEN #9

DER LOCHER

Der Locher - ein stiller Held im Hintergrund des Büroalltags! Ohne ihn würden unsere Ringordner nur traurige, unorganisierte Papierstapel sein. Trotz des digitalen Zeitalters hat der altbewährte Locher seinen Platz behauptet und erfreut sich sogar wachsender Beliebtheit. In einer Welt voller E-Mails und digitaler Datenmengen erweist er sich als unverzichtbar: Einfach ein paar Dokumente ausdrucken, lochen und abheften - eine Wohltat für die gestressten Büroangestellten!

Doch ach, der arme Locher! In der öffentlichen Wahrnehmung hat er es schwer. "Knicken, lochen, abheften" - ein bekannter Ablauf in der grauen Bürowelt. Selbst die Wikipedia-Definition klingt ein wenig steif: "Ein Locher (oder Perforator) ist ein Bürogerät, das in einem festgelegten Abstand Löcher in den Rand von Papierbögen stanzt. Der Zweck dieser Löcher ist das Abheften von Papieren."

Wer seine Papiere "locht", wird oft als pedantischer Perfektionist abgestempelt. Dabei sorgt der Locher, richtig angewendet, für Ordnung und Übersicht. Doch wehe, er wird falsch bedient! Dann fehlen plötzlich wichtige Zahlen am Rand des Papiers, oder der Locher setzt zu kurz an und hinterlässt nur unvollständige Löcher.

Die Geburtsstunde des Lochers war übrigens in Bonn, dank des erfinderischen Friedrich Soennecken. Am 14. November 1886 erhielt sein geniales Gerät die Nummer DRP 40065 vom Kaiserlichen Patentamt. Von da an begann sein weltweiter Siegeszug. Kein ordentliches Büro kommt ohne ihn aus!

Pedantisch? Bürokratisch? Diese Beschreibungen haben fast schon poetischen Charme! Und vergessen wir nicht: Das Locher-Konfetti darf auf keiner Party fehlen.

WEISHEIT DES TAGES

Im Büro gilt: Wer viel arbeitet, macht viele Fehler. Wer wenig arbeitet, macht wenige Fehler. Wer aber gar nicht arbeitet, macht keine Fehler – und wird befördert!

MANCHMAL MÖCHTE ICH MEINEN CHEF GANZ SACHLICH SAGEN „FICKEN SIE SICH"

FLUCHBOX

Hier kannst du heute den gesamten Frust loswerden.

BÜRO-MEMORY:

Spiele eine Runde Memory mit Büroartikeln! Erstelle mit Post-Its Bilder von Büroartikeln wie Stiften, Tastaturen oder Computermäusen und fordere deine Kollegen heraus, die passenden Paare zu finden. Es ist eine einfache und unterhaltsame Möglichkeit, eine kurze Pause einzulegen und den Geist zu entspannen.

EINATMEN
AUSATMEN
IGNORIEREN

BÜRORÄTSEL #5

In einem Bürogebäude gibt es einen Raum ohne Fenster. Dieser Raum hat nur eine Tür und eine Glühbirne hängt von der Decke. Draußen auf dem Flur sind drei Schalter: Schalter A, Schalter B und Schalter C. Nur einer dieser Schalter schaltet die Glühbirne im Raum an. Du darfst den Raum nur einmal betreten, um zu überprüfen, welche Schalter die Glühbirne einschaltet. Wie findest du heraus, welcher Schalter die Glühbirne anschaltet?

DER GESÜNDESTE ABSTAND ZUM BÜROMONITOR IST 7658 KM ENTFERNT IN DER KARIBIK

BÜROKLAMMER-RÄTSEL #6

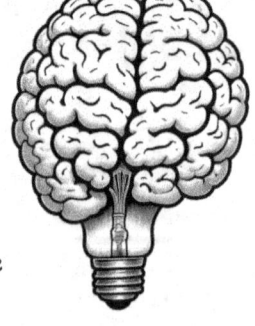

Die Aufgabe bei diesem Rätsel besteht darin, mit nur sechs Büroklammern vier gleichgroße Dreiecke und eine Raute darzuste

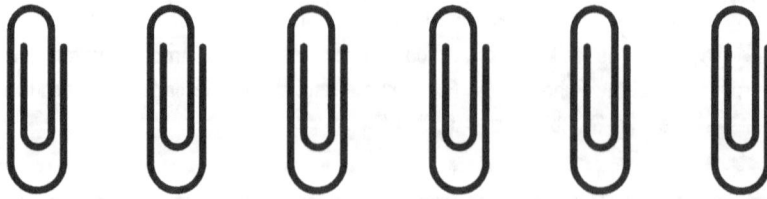

Das Bürogebäude braucht einen neuen Anstrich

Bereit, deine künstlerische Ader zu entfesseln? Gestalte dein eigenes Bürogebäude und verleihe ihm mit deinen Farben Charakter. Lass deiner Vorstellungskraft freien Lauf und bringe dieses Bürogebäude zum Strahlen!

Burn out ist etwas für Anfänger ich habe Fuck Off

BÜROPHRASEN AUS DER HÖLLE

WIR MÜSSEN UNS HIER SYNERGISTISCH VERNETZEN, UM DIE KEY PERFORMANCE ZU OPTIMIEREN.

KOLLEGENPRANK

Die sprechende Büropflanze:

Platziere einen kleinen PC-Lautsprecher hinter der Büropflanze eines Kollegen und spiele gelegentlich lustige Geräusche oder Sätze ab. Er wird sich wundern, warum seine Pflanze plötzlich sprechen kann!

KOLLEGENKOMPLIMENTE FÜR ZWISCHENDURCH

Du bist wie Regenwolken an einem Sonnentag. Du störst!

Ein Gedicht auf deine Kollegen

Bei diesem Gedicht würde selbst Shakespeare erblassen. Fülle das poetische Meisterwerk mit den Namen deiner Kollegen und lass es auf dich wirken.

Im Büro herrscht reges Treiben,
Mit _____ und _____ im Arbeitsreigen.
Zusammen schaffen wir nix hier,
bei der Zusammenarbeit mit euch werde ich zum Tier.

_____ und _____, der Loser-Truppe,
spucke ich am liebsten in die Suppe.

Mit _____ und _____ an meiner Seit',
erblasst jedes Höllengeschwader vor Neid.

_____ bringt stets das Chaos rein,
_____ lädt zum Verzweifeln ein.
_____ macht stets nischt,
_____ wird vom Chef erwischt.

So seid gegrüßt, ihr wackeren Leut',
Im Büro herrscht das Chaos Heut'.
Mit jedem Tag, mit jeder Stund',
sind wir der größte Chaoten-Bund.

Weisheit des Tages

Der Weg zum Erfolg ist ist kein Glück, sondern das Ergebnis von Arbeitsvermeidung und einschleimen.

WARNING !
VIRUS DETECTET

Ein Virus mit dem Namen

wurde erkannt. Wir empfehlen ihn sofort zu lösen.

DELETE

Zu früh
zu kalt
zu Montag

FLUCHBOX

Hier kannst du heute den gesamten Frust loswerden.

MOTTO DES TAGES

Heute gebe ich 110%.
10% Arbeit und
100% Pause.

MACH MAL EINE KURZE PAUSE

Spiele eine Runde Büro-Pantomime, bei der du Wörter oder Phrasen pantomimisch darstellen musst, ohne zu sprechen. Deine Kollegen müssen raten, was du darstellst, und wer am schnellsten die richtige Antwort findet, gewinnt. Es ist eine lustige Möglichkeit, sich zu entspannen und die Stimmung im Büro zu heben.

„BEGINNEN SIE DOCH DIE NÄCHSTE PRÄSENTATION MIT EINEM WITZ"
„GEHT AUCH MEINE LOHNABRECHNUNG?"

WEISHEIT DES TAGES

Ein Tag ohne Lächeln ist ein verlorener Tag. Also grinse deine Kollegen an und denke du kannst mich mal!

SCHEI... AUF DEM KOPF

Welchem Kollegen oder welcher Kollegin wünscht du dir, dass ihm oder ihr mal ein Geier einen richtig großen Haufen auf den Kopf scheisst. Mal diese Person nach. Viel Spaß dabei.

KOLLEGENPRANK

Der Druckerprank:

Ändere die Druckereinstellungen des Druckers eines Kollegen so, dass die Ausdrucke spiegelverkehrt sind. Beobachte, wie er verwirrt ist, wenn er versucht, seine Dokumente zu lesen!

RUNTER VON DER KLIPPE

Welcher deiner Kollegen oder welche Kollegin soll heute von der Klippe springen?

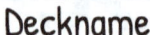

Deckname

UNNÜTZES BÜROWISSEN #10

DER PERSONAL-COMPUTER PC

Die PC-Geschichte beginnt im Januar 1975, obwohl schon seit 1971, als Intel den Mikroprozessor erfand, die Möglichkeit bestand, einen "Mini-Rechner" in größeren Mengen zu produzieren. Aber keiner der etablierten Computer-Giganten wie IBM oder die Nixdorf Computer AG sah den Sinn darin, Computer für den persönlichen Gebrauch zu entwickeln.

Die Zeitschrift "Popular Electronics" präsentierte in ihrer Januarausgabe 1975 den ersten Personal Computer namens Altair 8800 als Bausatz für 397 US-Dollar. Dieses Wunderwerk wurde von Ed Roberts entwickelt und zusammengeschraubt. Innerhalb weniger Wochen stapelten sich die Bestellungen in der Redaktion. Damit hatte keiner gerechnet. Man konnte förmlich spüren, wie sich ein gigantischer Markt auftat.

Es waren die Tüftler und Technik-Verrückten, die den Altair 8800 bestellten und ihn nach ihren Wünschen modifizierten oder als Basis für ihre eigenen abgefahrenen Personal Computer benutzten. Diese "Freaks" und Hobbybastler sahen sich nicht als gewöhnliche Benutzer, sondern als Pioniere, die die "PC-Revolution" mit Haut und Haaren erlebten. Mit ihren frisch gegründeten "Garagenunternehmen" - wie Apple mit dem Apple I - brachten sie den PC in Fahrt.

Und dann ging es ab! Eine wahnwitzige PC-Industrie entstand. Schon 1977 trudelten Personal Computer wie der PET2001 von Commodore, TRS-80 von Radio-Shack oder der Apple II auf den Markt. Sie waren nicht nur für Tech-Freaks gedacht, sondern auch für die breite Masse. Mit Monitor, Tastatur und Software setzte man einen echten "PC-Standard". 1981 zog IBM den PC 5150 aus dem Hut. Er brachte zwar keine neuen Technologien mit sich, aber das auf dem IBM-PC und Microsofts DOS basierende System setzte sich als Standard durch.

Heute ist der Personal Computer ein echtes Kulturgut geworden. Er begleitet uns überall hin, in Form von Laptops, Notebooks oder sogar Smartphones. Ein echter Klassiker!

BÜROPHRASEN AUS DER HÖLLE

„DAS HAT ERSTMAL PRIO #1"

NUR NOCH 3659 MAL LECK MICH DENKEN UND DANN IST AUCH SCHON WOCHENENDE

KOLLEGENKOMPLIMENTE FÜR ZWISCHENDURCH

,, *Ich schätze deine Meinung wirklich sehr, obwohl du keine Ahnung von nichts hast.* ''

WAS WÜRDEST DU MACHEN?

Kollegen können echte Schätzchen sein. Hier sind ein paar Situationen – wie würdest du dich in der jeweiligen Situation verhalten?

Ein Kollege schwärzt dich bei deinem Chef an. Was machst du?

- ☐ A: Du klaust ihm seinen Kaffee
- ☐ B: Du kippst ihm Reißzwecken auf den Stuhl
- ☐ C: Du kippst ihm Konfetti auf den Schreibtisch
- ☐ D: Du verpetzt ihn selber beim Chef

Dein Kollege nimmt dein Mittagessen aus dem Kühlschrank. Was tust du?

- ☐ A: Du isst sein Mittagessen.
- ☐ B: Du schreibst eine aggressive Notiz.
- ☐ C: Du lässt ihn dringend zum Chef rufen und spuckst ihm ins Essen.
- ☐ D: Du bestellst dir eine leckere Pizza und schmatz ihm etwas vor.

Ein Kollege unterbricht dich ständig während einer Besprechung. Wie reagierst du?

- ☐ A: Du unterbrichst ihn ebenfalls.
- ☐ B: Du ignorierst seine Unterbrechungen.
- ☐ C: Du schiebst ihn mit samt seinem Bürostuhl auf den Flur.
- ☐ D: Du stopfst ihm seine Krawatte in den Mund.

Dein Kollege macht ständig laute Telefonate am Schreibtisch neben dir. Was machst du?

- ☐ A: Du machst absichtlich laute Geräusche, um ihn zu stören.
- ☐ B: Du ziehst das Telefon aus dem Stecker.
- ☐ C: Du setzt dir Kopfhörer auf und hörst laut Musik.
- ☐ D: Du drehst das Radio lauter und hörst deine Musik.

Vorsicht!
Der Chef ist sauer

Der Chef hat dieses Buch gefunden und ist sauer. Egal! Mal ihn so aus wie du es magst. Es ist Zeit, deine Stifte zu schnappen und den Chef in seiner sauren Stimmung ein paar Pickel oder Warzen einzumalen! Lass deiner Kreativität freien Lauf und schmücke die Zeichnung aus.

MACH MAL EINE KURZE PAUSE

Organisiere eine Büro-Schnitzeljagd, bei der du Hinweise und Rätsel im Büro versteckst, die deine Kollegen finden müssen. Die Jagd kann sie durch verschiedene Büroabteilungen und -bereiche führen und dabei lustige und interessante Herausforderungen bieten. Es ist eine unterhaltsame Möglichkeit, den Teamgeist zu stärken und gemeinsam Spaß zu haben.

„WAS MACHST DU EIGENTLICH BERUFLICH?"
„ICH BIN GENERVT"

WEISHEIT DES TAGES

Ein Büro ist wie ein Zoo – mit weniger exotischen Tieren, aber genauso vielen lauten Affen.

FEIERABEND

Liebe Heldin, lieber Held des Büros,

ich hoffe, dieses Buch hat dich ebenso gut unterhalten wie ein Tag voller chaotischer Bürogeschichten! Von der ersten Seite bis zum letzten Absatz war es mein Ziel, dich mit einem Augenzwinkern durch die Wirren des Arbeitsalltags zu begleiten und dir ein paar herzhafte Lacher zu entlocken. Ich hoffe, es ist mir ab und zu gelungen.

Während du durch diese Seiten geblättert hast, hoffe ich, dass du das ein oder andere Mal deine Kollegen wiedererkannt hast - sei es der Kaffeeliebhaber am Morgen oder der Büroclown, der meint, witzig zu sein.

Das Schreiben dieses Buches war für mich wie ein Tag im Großraumbüro - voller Tastaturklappern, Telefonklingeln und manchmal auch einem leisen Seufzen. Doch die Vorstellung, dass du beim Lesen geschmunzelt oder dich vor Lachen gebogen hast, hat mich stets angetrieben.

Ich hoffe, dieses Buch hat dir die nötige Ablenkung im Büroalltag verschafft und dir gezeigt, dass wir alle in diesem verrückten Arbeitskarussell gemeinsam fahren. Möge es dir auch an stressigen Tagen ein kleines Lächeln auf die Lippen zaubern und dich daran erinnern, dass wir uns alle im gleichen Boot befinden (oder besser gesagt, im gleichen Großraumbüro).

Also, meine geschätzten Bürogefährten, lasst uns weiter durch die Aktenberge waten und gemeinsam den Büroalltag rocken!

In diesem Sinne: Vielen Dank, dass du dieses Buch gelesen hast! Wenn es dir gefallen hat, würde ich mich über eine positive Bewertung auf Amazon freuen.

FLUCHT IN DEN FEIERABEND

BÜRORÄTSEL #1

Herr Meier ist zu klein um mit den Finger den Knopf für das 12. Stockwerk zu drücken. An regnerischen Tagen hat er aber einen Schirm dabei und betätig den Knopf mit dem Schirm.

PLATZ ZUM KRITZELN

Die nächste Lösungen hat hier nicht mehr reingepasst. Also mach hier was du willst.

LÖSUNG

FLUCHWORTSUCHE

```
B Ü R O H E N G S T T E U F L S B A U B
A R B E T S H E C H R U H S T N D A R Ü
D U M N A R M U H D U S S C H W A M E R
E I M E D R A M R M A U L H E L D O O O
M Z R E I T U R E I R M D E I S E R M K
M I T T W O S H I M M L U F P U M P A L
U A R T S H S M B U T O X V Ö L L I N A
S Q U A T S C H T A S C H E S S Z D A M
S I C H E S H U I S S H E R R A D R E M
E U L E H E U S S T R E S S E R R U M E
T R A U S A B U C M A R G T A H U C K R
Ä S T H E R S A H F W L W E U H C K E N
T Ü W E I D E A S C H U M H A U K E U H
W I C H T A R S C H K R I E C H E R Z O
A X E S T A N G H E R C H R E I R Z O R
H E X E G U M P L E U H U H S T D E X T
L I C H Z A A F A U L P E L Z A R R E E
S M E E T I N G M O P S U C H W A S V R
C H L U U M P Z P P E S C H G A C T E U
W U E S P A P I E R T I G E R A H Ö R E
T I S V P K L U G S C H E I S S E R U F
A A E L E N A W A S C H I N S K Y E R F
S I L B R U T R Ö D E L P E N N E R A M
T I T T T E M F T C K A S T A R O P H E
A R N E A W U S A R M L E U C H T E R N
U R Z E N T D I A O M I S W A C H T R M
R E I S T R A P P E E U L G A S R Q U A
H O T I E W A L L T R P E E Ü B E R S T
```

SODUKU ZAHLEN- RÄTSEL #1

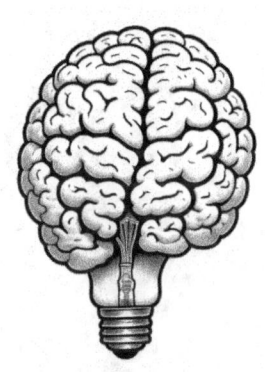

8	5	6	7	2	4	1	3	9
2	9	4	8	3	1	5	7	6
1	3	7	5	6	9	2	4	8
9	7	1	4	8	5	6	2	3
3	4	5	6	9	2	8	1	7
6	2	8	3	1	7	4	9	5
5	1	2	9	7	8	3	6	4
4	6	9	2	5	3	7	8	1
7	8	3	1	4	6	9	5	2

BÜROKLAMMER-RÄTSEL #1

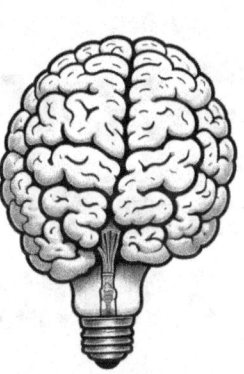

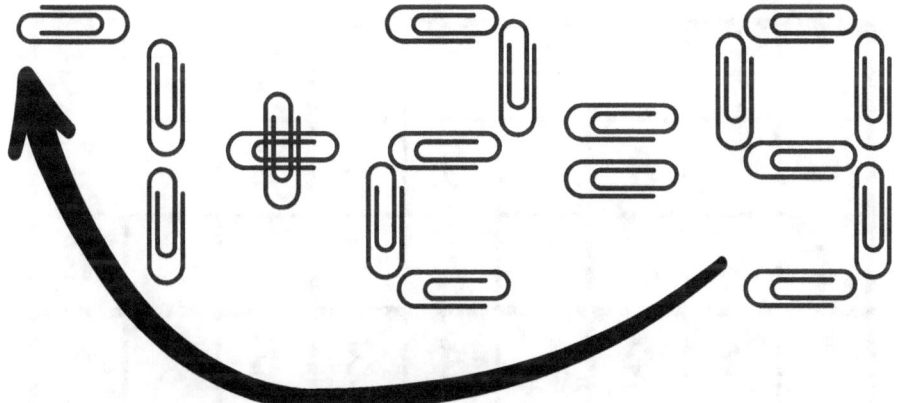

LÖSUNG

DER KAFFEEDIEB

LUIGI

SODUKU ZAHLEN-RÄTSEL #2

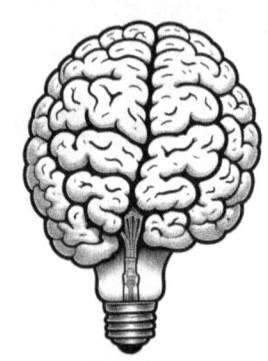

1	9	2	6	8	7	4	3	5
5	7	8	1	3	4	2	6	9
4	3	6	9	2	5	1	7	8
8	1	9	7	4	3	5	2	6
7	2	4	5	6	9	8	1	3
6	5	3	2	1	8	9	4	5
2	8	1	3	9	6	7	5	4
9	6	7	4	5	1	3	8	2
3	4	5	8	7	2	6	9	1

BÜROKLAMMER-RÄTSEL #2

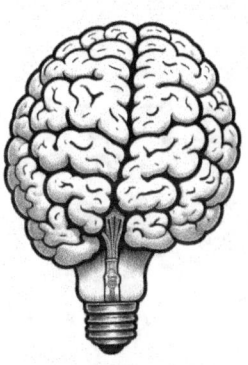

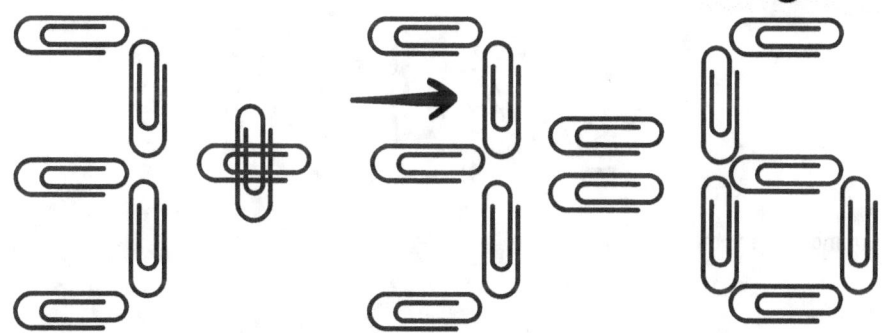

BÜRORÄTSEL #2

Die Antwort auf das Rätsel ist "Die Zukunft". Die Zukunft liegt immer vor einem, aber sie kann nie direkt gesehen werden.

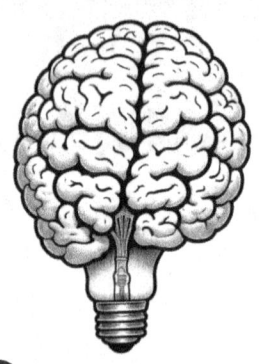

BÜROKLAMMER-RÄTSEL #3

In dem man eine römische Acht legt.

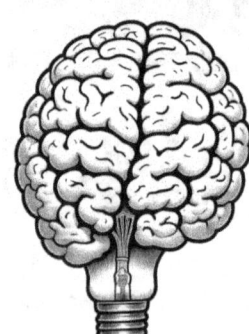

BÜROKLAMMER-RÄTSEL #4

BÜRORÄTSEL #3

Der Geschäftsführer hat vergessen, den Tresor zu schließen. Da nichts fehlt, ist davon auszugehen, dass niemand den Tresor geöffnet hat, nachdem er unbeabsichtigt offen gelassen wurde.

LÖSUNG

SEITE 80

HOL DIR DIE LOHNERHÖHUNG

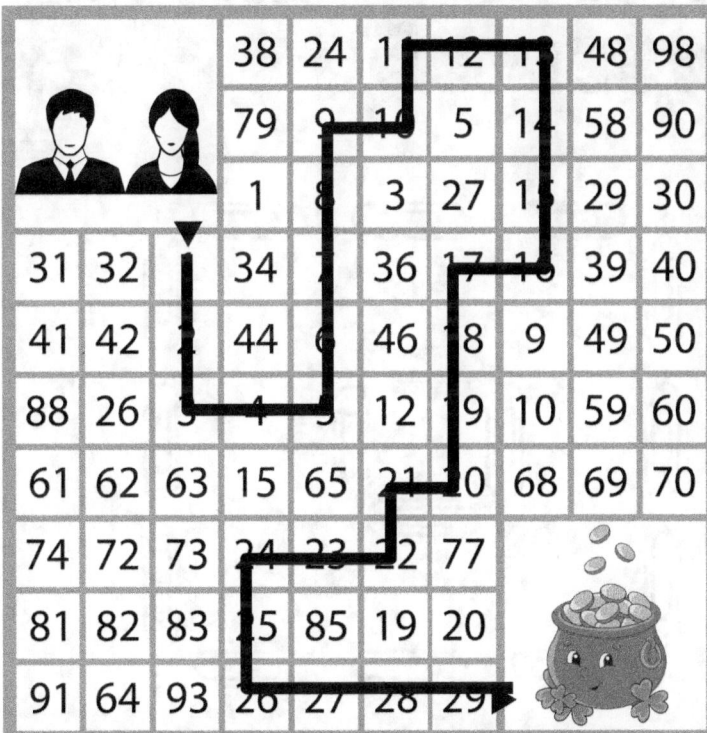

BürorätseL #4

Die Schreibtischlampe

BüroklammeR-RätseL #5

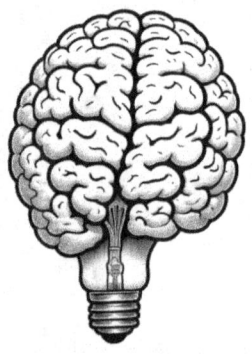

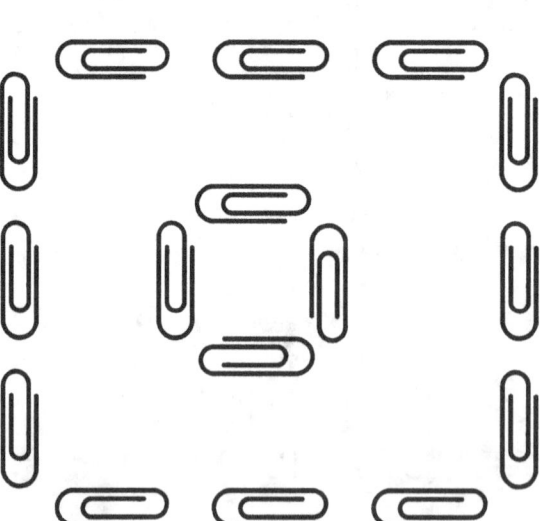

MAHLZEIT
HEUTE GIBT ES PIZZA

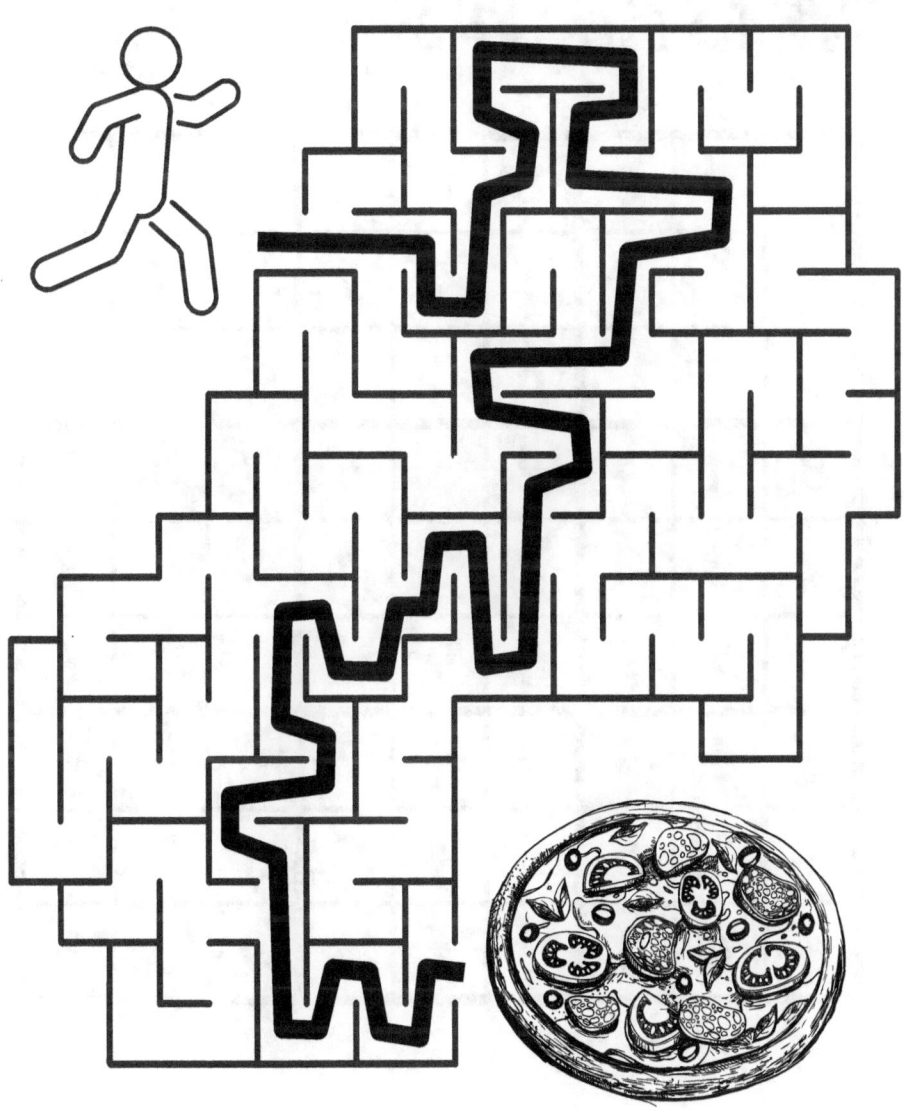

LÖSUNG

SODUKU ZAHLEN- RÄTSEL #3

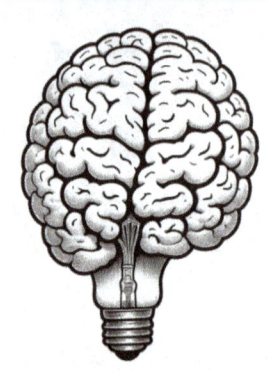

1	9	2	3	8	4	5	6	7
6	3	7	1	5	2	8	4	9
4	5	8	6	7	9	3	2	1
8	1	4	2	6	5	7	9	3
2	6	9	7	3	1	4	5	8
5	7	3	4	9	8	2	1	6
3	2	5	9	1	7	6	8	4
9	8	6	5	4	3	1	7	2
7	4	1	8	2	6	9	3	5

BÜRORÄTSEL #5

Du schaltest Schalter A ein und wartest eine Weile. Dann schaltest du Schalter A aus und Schalter B ein. Gehst dann in den Raum. Wenn die Glühbirne leuchtet, ist es Schalter B. Wenn die Glühbirne aus ist und warm ist, ist es Schalter A. Wenn die Glühbirne aus ist und kalt ist, ist es Schalter C.

BÜROKLAMMER- RÄTSEL #6

Die vier gleichgroßen Dreiecke befinden sich zu je zwei Stücken im oberen und unterem Bereich und in der Mitte des Gebildes ergibt sich die Raute. Mit etwas Fantasie kann man sich das vorstellen.

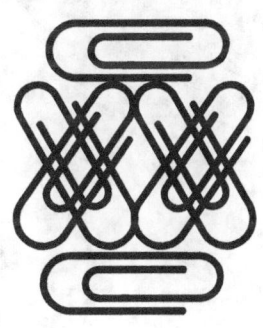

DAS MERCHANDISE ZUM BUCH

Wenn du tolle Klamotten fürs Büro, passend zum Buch, suchst, schau doch einfach einmal auf unserer Website vorbei: https://booksforfriends.de